尼米兹传

胡 慧◎著

时代文艺出版社

图书在版编目（CIP）数据

尼米兹传/胡慧著. —长春：时代文艺出版社，2012.10（2023.7重印）
（世界军事名人传记丛书）
ISBN 978-7-5387-3994-7

Ⅰ.①尼… Ⅱ.①胡… Ⅲ.①尼米兹，C.W.（1885~1966）－传记 Ⅳ.①K837.125.2

中国版本图书馆CIP数据核字（2012）第166642号

出 品 人　陈　琛
责任编辑　闫松莹
助理编辑　孙英起
装帧设计　孙　利
排版制作　隋淑凤

本书著作权、版式和装帧设计受国际版权公约和中华人民共和国著作权法保护
本书所有文字、图片和示意图等专有使用权为时代文艺出版社所有
未事先获得时代文艺出版社许可
本书的任何部分不得以图表、电子、影印、缩拍、录音和其他任何手段
进行复制和转载，违者必究

尼米兹传
胡慧 著

出版发行/时代文艺出版社
地址/长春市福祉大路5788号　龙腾国际大厦A座15层　邮编/130118
总编办/0431-81629751　发行部/0431-81629755
官方微博/weibo.com/tlapress　天猫旗舰店/sdwycbsgf.tmall.com
印刷/北京市一鑫印务有限公司
开本/710mm×1000mm　1/16　字数/165千字　印张/12
版次/2013年1月第1版　印次/2023年7月第3次印刷　定价/36.00元

图书如有印装错误　请寄回印厂调换

目录

序言　与航母同在的海上骑士 / 001

第一章　少年初长成
  1. 祖辈们的那些事儿 / 002
  2. 在轮船上接受洗礼的孩子 / 004
  3. 无忧的童年 / 007
  4. 爷爷的早期教育 / 009
  5. 成长中的种子 / 011

第二章　与海军结缘
  1. 考入海军军官学院 / 018
  2. 在军官学校的那些日子 / 020
  3. 战舰上小试牛刀 / 025
  4. 未尽的缘分 / 028

第三章　收获爱情
  1. 情窦初开 / 032
  2. 有情人终成眷属 / 034
  3. 与凯瑟琳在一起 / 037

第四章　谦虚严谨的风格
  1. 将军的规律生活 / 052
  2. 平易近人 / 055
  3. 严谨管制 / 057
  4. 幽默谦虚 / 059

5. 知人善任 / 063

第五章　渐渐升起的明星
1. 临危受命 / 068
2. 选择背后 / 071
3. 告别家人 / 075
4. 筹建珍珠港 / 077

第六章　战略家与战术家
1. 重回军事学院 / 082
2. 战略编队方案的研究 / 084
3. 执教加利福尼亚大学 / 089

第七章　战争中的海上骑士
1. 接管"奥古斯塔"号 / 096
2. 珍珠港被袭 / 100
3. 重组太平洋舰队 / 102
4. 珍珠港首战告捷 / 106
5. 步履艰难的维系 / 112
6. 身在珊瑚海 / 116
7. 战前的中途岛 / 129
8. 指挥中途岛会战 / 147

第八章　凯旋的英雄
1. 与麦克阿瑟的会晤 / 164
2. 胜利终于临近 / 166
3. 代表美利坚合众国受降 / 169
4. 荣归故里 / 172

附　录
尼米兹生平 / 180
尼米兹年表 / 183

序言

与航母同在的海上骑士

提到切斯特·威廉·尼米兹,首先要了解一下"五星上将"这个称号。五星上将是美国军队特有的军衔,也是最高的军衔,相当于西方其他国家的元帅级别。至今,史上一共曾有10位五星上将,最后被授予的一位是在1950年,而切斯特·威廉·尼米兹则是其中之一。

切斯特·威廉·尼米兹出生于美国得克萨斯州弗雷德里克斯堡一个普通的日耳曼移民家庭,曾任美国海军太平洋舰队司令、海军作战部部长,并被授予五星上将军衔。

幼时的尼米兹生活条件并不优越。但,正是那种贫困的山区生活培养了尼米兹不屈不挠、坚韧不拔的意志,而得克萨斯人淳厚、豪爽的民风又造就了尼米兹乐观开朗的性格。因此,在少年尼米兹的心中，始终有一种要冲破命运的樊篱、去成就大业的渴望。那种对于更广阔世界的渴望使得他更加坚定了对未来的信心。

终于，机会悄然而至。海军军官学校向有志青年敞开了大门。海军，尼米兹并不陌生，曾听当过水手的祖父讲过不少与海洋有关的故事，也正是那些娓娓动听的讲述让他有了在更广阔的天空驰骋的梦想。在海洋上航行，在神秘浩瀚、魅力无穷的海上世界施展自己的抱负和才华，这正好契合了这位雄心勃勃、力求发展的少年的心愿。于是，尼米兹义无反顾地踏进了海军学院的大门，并从此勇往直前！

进入军校的尼米兹尝到了如鱼得水般的快乐，他干劲十足，充分发扬了刻苦钻研、虚心求教的精神，孜孜不倦地获取了大量让他受益终生的知识和技能，并结识了一大批志向远大的海军同仁。

毕业后，"俄亥俄"号上的实习，则是尼米兹与舰艇不解之缘的真正开始。在漫长的海军生涯中，他亲自驾驶、指挥过包括潜艇、战列舰、驱逐舰、巡洋舰、大型航空母舰在内的所有类型的舰只，并从事过除航空兵以外的海军的每一项工作。不仅如此，他的理论知识也相当丰富。在实践和教学中，他提出了许多独到的见解，对当时海军的全面建设发挥了重要作用，开创了基层海军发展的新局面。

脚踏实地的奋斗精神、出众的指挥才能、良好的人际关系使他日益受到高层人士的赏识，也奠定了他日后的发展基础。多次临危受命体现了他大无畏的气魄、超人一等的韬略谋算、卓越的战术指挥才能，更彰显了其不惜一切的献身精神、置荣辱于不顾的勇气。正因为如此，他被称为"海上骑士"。更值得一提的是，尼米兹留在太平洋战场上的足迹。当时，他所指挥的太平洋战场是世界反法西斯战场的一部分，这一战场上的胜利具有世界意义，尼米兹也因此赢得了世界人民的尊重。

为了纪念这位伟大的海军将领，美国把20世纪70年代开发的一级核动力航空母舰以尼米兹的名字命名，该级航母共10艘，是世界上最大、最先进的航母。同时，这也是该级核动力航母中，唯一不以前总统的名字命名的一艘。

作为一代名将，尼米兹所奉行的思维方法、价值观念以及为人处世的方方面面都有许多出人意料和过人之处，也许也有以我们现在的价值观无法认同的部分，但我们应该站在更客观的角度以一个特殊的历史时期为范畴，怀着一颗至诚之心仰望这位有着亚麻色头发、炯炯有神的双眼，颇具儒将风范的传奇人物。

第一章 少年初长成

我不赞成先发制人的战争。我相信只要存在任何成功的希望，就必须运用外交手段。和平是可以获得的，只要我们具有勇气、耐心和才智。

——尼米兹

1. 祖辈们的那些事儿

尼米兹家族的祖先是日耳曼人。他们的族长曾被冠以介乎于男爵和伯爵之间的贵族头衔。13世纪时，尼米兹的祖先依靠传播基督教谋生，并让"佩剑骑兵"做开路先锋，入侵了波罗的海的利沃尼亚地区。

1621年，瑞典国王古斯塔夫率领大军侵略了北沃利尼亚地区。那时尼米兹家族的一些成员已经参加了瑞典军队。1630年，瑞典军队在古斯塔夫国王的指挥下进军波美拉尼亚，后回到日耳曼。1648年，连年征战的双方签订了威斯特伐利亚和约，战争局面结束了，尼米兹家族也暂时结束了漂泊的生活，在离汉诺威不远的日耳曼北部定居。

后来，尼米兹家族因为失去了政府的信任，贵族头衔也变得名存实亡。于是，他们放弃了已经名不符实的贵族头衔，并开始经营布匹生意，家业日渐恢复。然而好景不长，到了他曾祖父卡尔·海因里希·尼米兹这一代时，家道又衰败下来。因为卡尔·海因里希是个对生意漫不经心的浪荡公子，他总是热衷于打猎与跳舞。

破产后，卡尔·海因里希在一家商船上当了一名商务负责人。他最小的儿子，即尼米兹将军的祖父，从十四岁开始就跟他父亲在商船队里做工，赚钱补贴家用。后来，他们一家人相继移居美国，生活也渐渐稳定下来。

尼米兹的祖父经历过海上的惊险生活，也听过许多开拓西部边疆的动人故事。这诱使他从海路来到得克萨斯州，加入到由奥特弗里德·汉斯·冯·默兹巴赫男爵领导的日耳曼移民队伍中。1846年5月，这股移民队伍终于在离英裔美国人定居点西边一点购置了土地。他们在那里建立了城市，并取名为弗雷德里克斯堡。渐渐稳定的生活使得许多移民者的名字也英国化了，尼米兹的祖父也改名为查尔斯·亨利·尼米兹，并被称为队长。

查尔斯·亨利·尼米兹在佩德纳利斯河附近的一个柏树木材公司当了一段时间的簿记员，并于1848年4月和同是移民的索菲·多罗西姬·马勒结了婚。

1852年，查尔斯·亨利找到了正式职业，在弗雷德里克斯堡东头宽阔的大街上，一座小小的用土胚盖起的旅店，为来来往往的农场主、军人和西部拓荒人提供了歇脚和吃饭的一席之地。当时，这个小旅店是从这里通往圣迭戈途中唯一的旅店，再加上查尔斯·亨利是个十分和蔼可亲的人，旅店的生意颇为红火。由于喜欢海，他便增添了像船篷一样的门框、房间、走廊和一个船桅。扩大经营后的旅店看起来就像一只船，因而被称做"汽船旅店"。

内战期间，尼米兹旅店成了马车驿站，生意也更加兴隆。尼米兹具有得克萨斯人的特点，喜欢吹牛皮。查尔斯·亨利曾经讲过小时候在海上短期干过一段时间的事，使一般人听起来都以为他当过商船船长和商船队长。空余时间，他也常编造许多稀奇古怪的动人故事讲给晚辈们听，那些儿孙晚辈也听得津津有味，总是听了还想听，要他多讲几个。他也曾向他们表示自己不再出海航行了。"我讨厌海，"他说，"一旦你厌恶了海，你就不能去海上旅行。大海要惩罚你，会把你吞掉的。"

但是，尼米兹队长虽然嘴上说自己讨厌海，还是找机会出海。终于有一回，他不顾儿孙们的担忧——"爷爷"会被海吞噬掉，又乘船去了纽约。安全返回后，他对为他担心的儿孙打趣地说："我祈祷上帝宽恕我，并答应将一个孙子送给大海，去当海军上将。"当时，谁也不知道，这真的成了事实。

然而，尽管查尔斯·亨利·尼米兹喜欢吹牛和搞恶作剧，邻居对他却非常崇敬。他们选他当了学校的理事和吉莱斯皮县教师考试委员会的委员。1891年，亨利爷爷还被选为得克萨斯州的议员。

查尔斯·亨利·尼米兹一共有12个孩子，在当时已成年的4个儿子中，蓝眼、黄发、纤弱的切斯特·伯纳德是最为沉默寡言的，因为他患有肺病和风湿性心脏病，身体非常虚弱。医生劝告切斯特绝不要结婚，可是他却爱上了屠夫亨利·亨克的女儿安娜·亨克。

身体同样孱弱的安娜，骨子里却透出亨克家族坚韧的意志力和品格。她同害羞的切斯特订了婚，并于1884年3月与他结婚了。然而，命运并没有因此而厚待这对身体饱受病痛折磨的夫妻，5个月后，安娜在有了身孕的同时也变成了寡妇。

1885年2月24日，安娜生下了一个像他父亲一样有着浅黄色头发的男孩。她给他取名叫切斯特·威廉，也就是未来的海军五星上将。

2. 在轮船上接受洗礼的孩子

对大多数已经熟悉这个世界的人来说，这只是一个普通的夜晚，蜿蜒起伏的山冈在漫无天际的沉寂之中若隐若现。但对尼米兹来说却是非同寻常——是他接受洗礼的日子。

在得克萨斯州，一个山城小镇弗雷德里克斯堡，汽船旅店一改往日的沉闷，显得热闹非凡——尼米兹家族正在这里举行一个新生婴儿的洗礼仪式。按照家族惯例，初生婴儿应该在教堂接受基督教路德派洗礼，但他的爷爷坚持要让受洗仪式在汽船旅店举行，因为，对海洋充满崇拜之情的爷爷认为"这才是受洗的地方"。

住店的旅客们被旅店舞厅中的灯火辉煌、人头攒动深深吸引了，很多人加入到当地人的庆祝行列之中。那几个准备执行任务而中途停留在此地的海军上尉成为当晚宾客中最为引人注目的主角。受到尼米兹爷爷特别邀请的他们同时也参加了洗礼仪式，只见那蓝色的海军军服在灯光的辉映下显得精神笔挺、帅气十足，为仪式平添了几分庄严肃穆。

仪式简单而不失严肃，切斯特的爷爷耐心等候牧师完成既定的仪式，转过身面向舞厅的人们，举起酒杯，用一种气势豪迈的声音说："让我们为我的孙子——未来的美国海军的将军干杯！"霎时，觥筹交错，一片贺喜之声。

参加洗礼仪式的人们都没有想到，这位骄傲的老人当时激昂的祝酒辞在几十年后竟然成为了现实——那名襁褓中的婴儿以不可遏制的神奇力量成长为美国海军史上功勋卓著、赫赫有名的五星上将。

查尔斯·亨利·尼米兹对孙子的诞生感到格外高兴，常常认为自己的孙子将来一定会成为一个了不起的人，因为尼米兹和华盛顿总统的生日相隔不远。后来，尼米兹的爷爷因为对成为寡妇的安娜深表同情，就把他们母子接到他的旅店里来住，并担负起了教育孙子的责任，在这个被他认为是未来将军的孩子身上花费了相当多的时间和精力，以至于后来的尼米兹上将在提到他的祖父时曾写道："我不知道我的父亲，他在我出生前就死了。但是我有一个白胡子的好爷爷，他叫查尔斯·亨利·尼米兹，定居在得克萨斯州弗雷德里克斯堡城，盖了一个像汽船一样的旅店。"可见，尼米兹对爷爷的印象要比对父亲强烈得多。

后来，在外省荣获工程学位的威利·尼米兹回家来了，他是尼米兹的叔叔。但弗雷德里克斯堡毕竟只是个小镇子，他的工程技术根本派不上用场。学无用武之地的他感到很苦闷。在那段让他极为难堪的日子里，安娜的安慰就像一道冲破阴霾天空的亮光，给了他生活的信心与勇气。慢慢地，两颗孤寂的心连在了一起，威利·尼米兹和安娜相恋了。1890年的圣诞节，威利同安娜结婚了，切斯特也有了一个新父亲。

因为家境贫困，尼米兹从15岁起就不得不在圣·查尔斯旅店里工作。但工作并没有对学习造成丝毫困扰，他学习刻苦，在班上是优等生。每天放学后回到旅店，他就开始工作，修整旅店周围的草坪、劈柴，为十多个炉子和壁炉生火。晚饭后一直到10点专门处理旅店业务，当然，工作当中如有空余时间，他就抓紧学习。

然而，就算他对学习如此热忱，中学毕业后的他还是丧失了继续升学的机会。当时，尼米兹的境况陷入了两难境地。一方面，尼米兹对亨克家族的肉店生意和尼米兹家族的旅店事业都没有兴趣，另一方面，升学机会又非常渺茫，这让尼米兹多少有点丧气，对未来也感到十分迷茫。因为从小就志向高远的他非常渴望在广阔的天地里凭自己的聪明才干一显身手。

这个在汽船旅馆里举行了特殊洗礼仪式的孩子面对自己的人生有了一丝的无奈，他在默默地期待着机遇的到来。

3. 无忧的童年

　　切斯特·尼米兹的爷爷和母亲是在他童年时期与他感情最深、对他影响最大的两个人。尼米兹上将的整个人生道路都无不蕴含着他们的教诲的影子。在后来当军官的日子里，他还时常将遇到的难题以书信的方式与爷爷商讨。亨利爷爷在邻居和旅客的眼中一直是一个非常受欢迎的、和蔼可亲的老板。这都是因为他性格开朗活泼，擅长交际，不仅使得旅店生意十分兴隆，而且吸引了一些知名人士的造访。旅店中那间被称为"李将军室"的客房便是例证，它是为了纪念内战时期南部盟军的罗伯特·E·李上校而设置的。也曾有小说家将这家旅店作为素材写进小说。

　　亨利老人热情好客的个性使得他时不时会对住店的客人开开玩笑或讲述一些荒诞离奇的故事。在尼米兹的记忆中，他的拿手好戏名为"双人枪杀"，通常就在柜台前表演。常常以两个"陌生人"佯装争吵开始，然后取枪对射，不明真相的来客往往会被吓得纷纷躲藏。"枪手"双双"中弹"倒地，紧接着他们突然活过来，这时，来客们方知上当。老亨利乐此不疲，还添加了一个别致的解释："当人们住进汽船旅店时就像在海上航行，若是初来，就如同乘船过赤道一般，他们必须获得跨越赤道的感觉。"

　　然而，亨利爷爷并不仅仅是一个热情好客的旅店老板，他还曾被选入弗雷德里克斯堡学校董事会，并担任吉莱斯皮县教师考试委员会的委员。1891年，当小尼米兹6岁时，爷爷已经是奥斯汀的得克萨斯立法机构的成员。

更早一些，在南北战争期间，他还被南部同盟军任命为吉莱斯皮步枪队上尉。无论是豪爽勇敢的个性还是毋庸置疑的社会活动能力，对少年尼米兹来说，这都是他成长过程中一笔丰厚的财富，也影响了他一生中某些价值观的形成。

亨利爷爷还非常喜欢与孩子们在一起消磨时光，他经常与孩子们开玩笑。当小孩们打架受轻伤跑来时，他往往会拿一枚硬币放在受伤的痛处，然后说："你把这个镍币放在痛处，不痛了的时候就拿开，然后到糖果店去。"孩子们听后也就会破涕为笑了。

最为有趣的是，亨利爷爷还常为孩子们拔牙。他先将一根线在他们的牙齿上套紧，接着就开始讲故事给孩子们听。等航海故事讲到出神入化的时候，孩子们的注意力往往会转移到故事上，这时，他便突然用力拉线，牙齿便在不知不觉中掉下来了，这方法百试百灵，也成了远近闻名的拔牙良方，不过孩子们最喜欢的还是亨利爷爷的故事。

闲暇时，老亨利常常带着小尼米兹和他的朋友们去野营旅行。他们坐的马车有帆布篷顶，这种马车既可以避雨，又可以防止动物来抢掠食品。记得有一次，亨利爷爷提前做好了吃的，并告诉他们说："你们离开的这会儿我抓了一条鱼，把它切成许多小块，用油煎好了。"当他们吃完后，老亨利才说，"我并不是跟你们开玩笑，我只是想让你们知道，吃响尾蛇没什么害处。"那天，小尼米兹第一次尝到了响尾蛇的味道。

在小尼米兹的内心里，并非总是认同爷爷的做法，但这些都是他人生中最重要的回忆。在成为舰长之后，他还经常将这些曾经发生在亨利爷爷身上的趣事讲给水兵们听。

4. 爷爷的早期教育

很快就到了上学的年龄，小尼米兹和同龄的孩子一样走进了学校。不过，尼米兹第一天上学的情形颇为滑稽。他光着脚，只穿一件衬衫和挂吊带的短裤，可爷爷却偏偏让他戴了一顶圆形礼帽，这与他身上的装束结合在一起看起来十分滑稽。

果然，戴着帽子的尼米兹刚到学校就遭到一些高年级学生的嘲笑。更过分的是，他们还抢走他的帽子并藏了起来。尼米兹为了讨回帽子拼尽全力，甚至还动了拳头，但却没得到想要的好结果。他虽然顺利抢回了帽子，却因为人小力单，被打得鼻青脸肿。放学回家后，他甚至得意地对爷爷说："我戴它去上学，又把它戴了回来。"

虽然小尼米兹不明白爷爷为什么让他戴上这顶与众不同的小圆帽去上学，也曾怀疑这是爷爷对他开的玩笑。然而，当荣任太平洋战区司令官以后，尼米兹却对这件事有了别样的见解，他认为："这件事实际上是个起点，使我开始认识到时刻保卫自己的重要性。"

尼米兹10岁时，发生了一件事，也正是这件事让他更加明白，爷爷是在有意识地提醒他：捍卫自己最有效的方法就是实力。

当时，有一个比尼米兹稍大的男孩总是平白无故地撞他，想撞倒他。刚开始，小尼米兹不想惹一些不必要的麻烦，总是避开。可这样一来，这个男孩以为小尼米兹害怕了，反而更加肆无忌惮地欺负他。后来，很是困扰的小尼米兹不得不向爷爷汇报了这个情况。爷爷在听说了这件事以后，告诉尼米兹："他并不比你高大很多，想要改变这种状况的方法只有一种，就是跟他打一架，不仅如此，你还得打赢他。只有让他意识到你不是可以随便欺负的，他才不会再欺负你。"

小尼米兹没想到爷爷会赞成他打架，有点胆怯，但看到爷爷鼓励的眼神，他终于下定决心用武力来解决这件事。

当天下午，小尼米兹勇敢地冲向了那个正站在巷口说话的男孩，没等他反应过来就给了他一拳。而那个男孩没想到小尼米兹会突然袭击他，完全愣住了。但在完全明白所发生的事情之后，挨打了的男孩真诚地向尼米兹道了歉，并愿意握手言和。尼米兹也爽快地答应了他的请求。

还没过晚饭时间，尼米兹就回家了，正在等他吃晚饭的爷爷什么也没说，只是递给他饭菜，开始吃晚饭。

亨利爷爷虽然并不是什么高级知识分子，也说不出多么高深的道理，但他丰富的生活阅历就是最大的财富，因为他总是懂得反省，并因此而对人生有了很多独到的见解。也正是这些见解使得小尼米兹也受益匪浅，并一步一步走向了成功。

尼米兹有一个表哥叫卡尔，比尼米兹大两岁。表哥总是认为尼米兹年纪小、没趣而不愿与他一起玩。爷爷听说尼米兹的苦楚后，言简意深地告诉他："要习惯这一点，他总是要比你大两岁，对此你无法改变，所以必须习惯。"接着，爷爷牵着他的手，耐心地告诉他："你必须学会区分两种事情，一种是永远不会改变的，另一种是会随着时间的推移而发生变化的。比如说，你与卡尔的年龄之差就属于永远无法改变的那种。但是，无法改变的事实并不需要气馁，说不定到了一定时候这种差别会变得无足轻重。只有承认这一点，才会使将来变得更为有利。"

当时，小尼米兹并不能完全明白爷爷的用意，只是似懂非懂地记住了这些话。直到后来，他才发现这些道理的深意，并为爷爷的先见之明赞叹不已。

很多年以后，这位海军五星上将站在凉风习习的战舰甲板上这样描述他的爷爷："我不熟悉我的父亲，因为他在我出生时已经去世，但我有一个极好的白胡子爷爷。他是一座外形酷似轮船的旅馆的老板。在我完成家务和作业的间隙，常常睁大眼睛听爷爷讲述青年时代在德国商船上的故事。他对我说：'大海像生活一样，是个严格的考官。要想在海上或生活中有所成就，最好的办法是努力学习，然后尽力去做，不要忧伤，特别是不要为还无法掌握的事物忧伤。'"

5. 成长中的种子

在小尼米兹幼小的心灵中，母亲是一盏永远相伴的明灯。

不过有趣的是，母亲与亨利爷爷在对尼米兹的教育问题上意见分歧比较大。母亲安娜希望尼米兹成为像爸爸一样文质彬彬的人，而爷爷则更希望他狂放一些，兼具有阳刚之气，能有好男儿志在四方的豪气。因此，常常是母亲把他朝这边引，而爷爷却往另一个方向拉。所幸的是，在培养他养成在艰难困苦中成就大业的坚强意志方面，母亲和爷爷的想法不谋而合，而思想性格方面的不同指引恰好使尼米兹得以全面发展。

每当小尼米兹躲在旅馆餐厅的柜台后面听亨利爷爷讲一些令人难以置信的故事时，母亲安娜常常会叫他回自己房间做事。尼米兹很小的时候就可以帮母亲揉面做面包。但每每故事到精彩处，他听得入迷时，母亲的叫声往往起不到什么实际作用，小尼米兹依然沉浸在故事情节当中。于是，安娜就会在亨利爷爷和游客的笑声中把儿子拉回厨房，气呼呼地用德语责骂他。

尼米兹没办法挣脱母亲的手臂，只好极不情愿地跟着母亲来到厨房。但他总是忘不了安抚母亲愤怒的情绪。他用闪烁的目光望着母亲，然后会用德语说："妈妈，你鼻子上有面粉。"听到这句话的安娜无法再板起面孔，当她捂着脸掩盖表情时，愠怒的眼睛瞬间就变得温和了。这时，她往往会佯装严厉地把尼米兹推到面板前，然后以母亲特有的亲昵方式告诫儿子："快点干，别废话。"

在母亲面前，尼米兹温和、宽厚的天性，以及令人愉悦的协调本领表露无遗。不过，小尼米兹并不是一个顺从、乖巧、缺乏独立精神的男孩，在他看来有损他尊严的大事一点都不含糊。他绝对会以各种方式予以抗争。可以说，在这一方面，他并没有按母亲期望的方式继承父亲的谦恭忍让，而是延续了亨利爷爷的作风，喜欢像爷爷那样勇敢地迎接挑战。

小尼米兹和父母一样，有一头漂亮的浅黄色卷发。旅馆里有的客人不知他的名字，就根据他这个特征，给这个喜欢四处乱窜的小男孩起名为"狮子头"。尼米兹对这个绰号十分恼火，每当客人们这样叫他的时候，他便会对他们怒目而视，然后愤然离去。终于有一天，小尼米兹再也忍不住了，当一个客人嘻嘻哈哈叫他"狮子头"时，他果真像狮子一般，以一个孩子所能使出的全部力气朝那人的腿肚子踢去。安娜知道后，生气地动手打了他，认为他不应该对客人不礼貌。

挨了母亲的打，小尼米兹满肚子委屈，他觉得自己是对的，不应该受到惩罚。于是，他恼怒之下，跑回屋中，趁着四周没人的时候，取下一罐封好的绿色油漆，悄悄溜进了厨房，并用刷子蘸上油漆将自己的头发染成了绿色，以此发泄自己的不满情绪。染了头发的小尼米兹并没有就此放心，他担心会受到来自母亲的干预。于是，他又跑到阴暗的澡堂里，一直坐到头上的油漆凝固以后才出来，嘴里还喃喃自语："他们再不会叫我'狮子头'了。"

母亲知道这件事后大吃一惊，她想尽办法想剪掉儿子头上在她看来乱七八糟的头发。然而，那些沾着漆的头发用普通剪刀已经无法剪去了，安娜只好找来一把剪羊毛的大剪刀，费力地剪去儿子头上被他弄得怪异的绿色头发。等到剪完的时候，小尼米兹已经成了一个小秃头。而亨利爷爷却乐呵呵地笑眯了眼睛。他自豪地说："他真是尼米兹家族的人，敢于不顾一切地表达自己的想法。"

"狮子头事件"以后，安娜感到需要用一种特别的方式来为孩子正名。于是，在儿子头上再次渐渐长出浅黄色的头发以后，安娜专门请来摄影师为儿子拍照，并流露出对儿子那种浅黄色头发的喜爱，而且常常声称为此而自豪。亨利老人虽然觉得这没有必要，但出于对儿媳妇的尊重，也告诫在大厅消遣的客人：最好不要再叫小孙子的绰号。这件事也算是告一段落了。从某一方面来说，小尼米兹以自己独特的抗争方式赢得了最后胜利。

日子一天一天过去了，尼米兹也渐渐长大，他不再是那个大人眼中乱窜的小孩子了，但与人打架的次数却在逐渐增多。不过，他也有自己的考虑，很少先动手，但是一旦遭到挑衅，他便会毫不迟疑地予以回击。在妹妹多拉的回忆里，这么描述她那脾气倔强的哥哥："我认为他绝不会找机会打架，但也绝不会在别人打他时逃跑。他曾经输在谁的手下，我可记不清了。他回家时经常嘴唇上流着血，脸上带着抓痕，但看起来神态自若，并不恼火。母亲若是唠叨什么，他会轻蔑地说：'你应当去看看那个人是什么样子。'母亲气得发抖，却又无可奈何。曾经有一次，一对孪生兄弟在闹市区拦住他，向他挑衅，并当众辱骂他。他一对二，毫不怯懦，把他们打跑了。这之后，附近街区的男孩开始称他为'山大王'，没有人对这个称呼提出异议。"

尽管慢慢长大的尼米兹时不时会引得母亲为他担惊受怕，但在多数时间里他还是一个明事理、重感情的孩子，对含辛茹苦的母亲总是充满尊敬与爱戴，从来不恶意顶撞母亲。

切斯特·伯纳德去世后，安娜·尼米兹独自撑起了一个家庭的重任。同时，她也把对前夫的爱全部倾注到了儿子身上。她担心儿子的身体像他的父亲那样虚弱，便鼓励儿子参加各项运动，经常告诫儿子注意锻炼。因而，无论刮风下雨，尼米兹都坚持跑步。在所有运动中，猎兔运动和游泳是他最喜欢的。他还常常步行14英里到他的叔叔家。正是因为这些日常锻炼增强了他的体质，成为海军后他才能有傲人的健康体魄。

他的表兄弟冈瑟·亨克回忆他们的童年时光时，说："没有什么能阻止他锻炼身体的决心。"当然，这一切与母亲的严格督促是分不开的。从另一个角度来说，尼米兹也认为这是使母亲为自己感到骄傲的一种举动。

尼米兹在小时候最喜欢的节日是圣诞节，几乎每天都在期待，今年的这个节日刚过，就又开始期待明年的这个节日。

每年的圣诞节里，小尼米兹都会随爷爷一起从附近的山上拉来一棵大枞树，忙里忙外地把它装饰得璀璨夺目。在装饰的整个过程中，他总是显得格外卖劲。因为他总是为那些火树银花的盛景、旋律优美的音乐、喧闹的集体舞会以及姥姥做的茴香饼着迷。更重要的是，在圣诞节期间，母亲也能够暂时摆脱一年的辛劳，和大家一起轻松愉快地度过节日。

尼米兹从小就很懂事，他对母亲非常孝顺，总是尽最大的努力让母亲开心，这也是他为什么那么喜欢大肆张罗圣诞节活动的原因。每次圣诞节，小尼米兹都会非常乖巧地陪母亲到教堂唱赞美诗和圣诞歌曲。在他眼里，母亲是最美的，也是唱歌唱得最好的，尤其是那首"平安夜"，他听得如醉如痴。

在他的母亲安娜心里，尼米兹也是最让人心疼的孩子。这也许很大程度上是因为尼米兹从小就具备的那种深明大义的品性，或许也有可能是因为安娜深深地爱着尼米兹的父亲，可命运却那么早就截断了他们的深情，只留下小尼米兹可以疼爱。这一点也可以从她对小尼米兹的称呼上看出来，因为小尼米兹一出生就被称为是"我的圣瓦伦丁孩子"，直到去世之前都念念不忘。

尼米兹非常爱自己的母亲，也乐于帮助与母亲年龄相仿的妇女们。因此，尽管尼米兹年纪小，但镇上的妇女都十分喜欢这个明白事理又乐于助人的小男孩。

小镇上有位远近闻名的老处女，叫苏珊·蒂维，是此地知名人物约瑟夫·蒂维上校的姐姐。据说这个女人性情怪异，镇上的人都不愿意接近。

苏珊·蒂维很少与人来往，整日与一只叫作赫尔曼的白猫相依相伴。然而，乐于助人而又懂事的尼米兹却是她少有的熟人。苏珊每逢有事都会求助于尼米兹，而尼米兹总是热情帮忙，直到使她满意为止，从来不厌烦。

有一天，约瑟夫·蒂维上校去世了，苏珊失去了唯一的弟弟。

在那不久以后,她视为亲人的白猫赫尔曼也不幸离开了她。这对她来说无异于最为沉重的打击。于是,那些日子,苏珊为此悲伤不已,几乎心碎。有一天,她悲伤地对尼米兹说:"我在几年前已为它做了一副很好的棺材,但我无法忍受埋葬它的痛苦。它活了15年,我现在不愿意亲手埋掉它。希望你能帮帮我。"

尼米兹满口应承下来,接受了掩埋赫尔曼这件棘手的事。他答应为赫尔曼找寻一个理想的安息之地。就在那时,他蓦然想起位于蒂维山旁的蒂维墓地。约瑟夫·蒂维上校和他的一个姐姐都葬在那里,还有一处墓穴是留给苏珊的。小尼米兹决定将赫尔曼和他们埋在一起。他是这么认为的:既然苏珊把赫尔曼当做家庭的一员,把它与他们埋在一起,苏珊一定会满意的。

几经思量后,尼米兹带着死去的赫尔曼,翻越巍峨的蒂维山,来到蒂维的墓地。他小心翼翼地掩埋了赫尔曼,并做了一块木牌,在上面烧制出"蒂维的白猫"几个字,下面加上"赫尔曼"。苏珊获悉后,对尼米兹选择的墓地深感意外,同时又心存感激。她对小尼米兹精心的安排和周全的考虑非常赞赏,并重重地奖赏了他。

尼米兹渐渐长大。如果说生性豪爽的爷爷教给了尼米兹勇敢无畏地捍卫生存的法则,并培养了他能够坚持到底、实现长远生活目标的性格,那么,母亲安娜则在他的人格中注入了软性的、富有人情味的气质,让他懂得以宽容的态度面对生活中各种艰难的处境,并能够以坦然的心境迎接各种磨难和突如其来的风暴。

因此,尼米兹从小就形成了他自己独有的对待生活的方式,即平静中的忍耐,逆境中的幽默,以及准确猜度他人心理的能力。而这一切都是尼米兹后来成为海军将领之后的魅力所在,并以此赢得了众将士的尊敬。

第二章 与海军结缘

不，我不想离开海军。

——尼米兹

1. 考入海军军官学院

　　尼米兹对自己与众不同的期待注定了他有一颗不甘平凡的心。虽然中学毕业后离开了学校，但他属于那种有准备的人，并没有因此而泄气。

　　机会终于来了。这个夏天，尼米兹第一次对他的前途看到了一线希望。驻在圣·安东尼奥城外桑·休斯敦军营的第三炮兵联队的一个炮兵连，在进行打靶训练的途中路过了亨利爷爷的旅店。在旅店留宿的威廉·M. 克鲁克香克少尉和威廉·I. 韦斯特维尔特少尉刚从西点军校毕业。他们那笔挺而又合身的新军装，尤其是见多识广的谈吐和刚劲又不失优雅的风度，在尼米兹心中留下了深刻的印象。

　　不仅仅如此，最让他羡慕的是，两位少尉的年龄只比他稍大一点，但他们却显得更加风度翩翩、潇洒大方，并且肩负着带兵的重担。和他们仔细交谈以后，尼米兹就更加难以平静了。他得知他们也是不久前才从同他一样平凡的处境中跳出来的，现在却能够接受教育、经风雨、见世面，而且有机会实现自己的理想。当然，这一切都是军队提供的，并不用他们自己出一文钱。

　　两位少尉的情况让年轻的尼米兹对未来更加充满了信心。他满怀希望和期待向参议员詹姆斯·斯赖顿提出报考西点军校的请求。

但斯赖顿说他为军事院校推荐学员的名额已满。不仅如此,尼米兹从他的话语中听出了更令人沮丧的消息。斯赖顿认为,即使在将来,尼米兹也不可能获得入军校的机会。因为据他所知,在他的选区有好几个军人的子弟都在排队等着进西点军校,而尼米兹作为一个平民的孩子,希望是非常渺茫的。

不过,斯赖顿从尼米兹恳切的表情上看到了失望后,实在不忍心,便又给了他一点希望。他对尼米兹说:"如果我推荐你进美国海军军官学校,你愿意吗?""我愿意!"虽然他过去完全没有听说过海军军官学校,但迫切希望实现自己理想的尼米兹不允许自己放过这个接受教育的机会。

接下来的日子里,尼米兹积极刻苦地准备入学考试。他每天凌晨3点钟就起床,学习两个半小时后,开始做旅店里的日常杂务活,然后才吃过早饭去上学。

威利虽然并不是尼米兹的亲生父亲,但对待他和对待自己的孩子一样。曾经获得工程学位的他帮助尼米兹补习过去根本没有接触过的几何科目,怀着满腔的热情希望这个孩子能够有自己的一片天地。而且,这个消息传开后,克维尔城里的热心人都来帮助这个年轻人。教员苏珊·穆尔帮助他补习代数、几何、历史、地理和文法。梯威中学的校长约翰·格雷夫斯·托兰也抽空给他辅导数学。

尼米兹感恩于众人的热心帮助,学习也更加发奋努力。由于众多人的帮助,加上尼米兹本就聪慧的天资,1901年4月,他在当地海军军官学校招生考试中获得了第一名。同年7月,他告别了亲友,同参议员斯赖顿一起坐火车到达安纳波利斯,为8月底举行的全国性考试作准备。在这段时间里,他得到了一个很好的机会,即能够在韦思泽预备学校复习,于是又顺利地通过了全国性考试。

1901年9月7日，对于尼米兹来说这是个终生难忘的日子，因为，就在这一天，他——切斯特·威廉·尼米兹宣誓成为海军军官学校的学员，他的理想也重新插上了翅膀。

2. 在军官学校的那些日子

　　尼米兹踏入海军军官学校时，美国海军正处在复兴时期。这是海军在被忽视了近二十年之后，重新获得重视，哪怕说是重生也并不过分。

　　1898年，一支由钢铁和蒸汽机装备的舰队从菲律宾和古巴的海上凯旋，受到了人们的热烈欢迎，欢呼声、赞扬声如潮水般蜂拥而来。同一时期，美国总统西奥多·罗斯福推荐了马汉关于制海权的著作以及各种支持海军发展的文章，在美国社会轰动一时。从这个时候起，海军吸引了大多数人的注意。国会也跟着作出决定，从1898年至1921年，每年至少建造一艘战列舰。而且还决定部分翻修海军军官学校的教学大楼。这也是世界上最大的宫殿式宿舍——班克罗夫特大楼落成的原因。

　　尼米兹正是在这海军开始蓬勃发展、令人振奋的年代里开始了他的海军生涯。当时，他所在的班上有131名学员，是自学校创建以来人数最多的一个班。学校对教育也非常重视，采用了注重启迪学员自主学习的方法。那里的教员经常用没有讲过的参考教材来考学员，然后再进行纠错、评分和讲评，并以此来培养学员们自学的思考习惯。

切斯特·尼米兹在考学时就培养了很不错的自学能力。他学习十分自觉，分析能力也很强，基本能理解并未讲授的内容。再加上尼米兹对这来之不易的学习机会十分珍惜，因此，他养成了很好的学习习惯，每天凌晨4点半起床，一直学习到吹起床号。和他同住的来自爱达华州的艾伯特·丘奇也同他一样勤奋，两人的学习成绩在班里都是名列前茅。

一个学期之后，班里的其他同学建议他们两个人分开住，分别和学习较差的同学同住，形成互帮互助的学习小组。于是，尼米兹的新室友，来自肯塔基州的约翰·森普特，也养成了清晨学习的习惯。从那以后，他们都非常顺利地通过了每次考试。

听闻尼米兹在海军军官学校的进步，亨利爷爷从心底感到非常自豪和满足。于是，在1902年2月19日，这位受人欢迎的旅店老板给他写了封信：

我亲爱的孙子切斯特：

下星期一你就满17岁了，我写信祝你身体健康，祝你在学习三角学和西班牙语等新课程中取得进步。但愿你在学习中不会遇到困难，像过去学习其他学科那样取得好成绩。你的成绩单收到了。我和你父亲以及查理叔叔对你的学习成绩感到高兴。如果我们对名次的理解正确的话，你的分数居于良好和优秀之间。任何人都不能再有更高的期望了，甚至托兰德教授对此也是满意的。

希望冬天最冷的日子已经过去，你就能到户外锻炼去了。这是全家的祝愿。我们从报上得知许多德国学员乘德国"莫尔特克"号训练舰到你校访问，想来已经结束了，你觉得有趣吧？下月底海因里希王子去你校访问时，你无疑又会获得乐趣。你们也许会举行盛大的阅兵式。我想不出给你寄什么生日礼物，因此，我查阅了大批旧信，给你介绍一些家史。

……

亨利老人在信中夹着很多张追溯到13世纪的有关尼米兹家族的家谱。这也是17岁的尼米兹收到的最为珍贵的生日礼物，并在以后的日子里一直都好好珍藏着，直到生命的最后一刻。

在尼米兹一年级的时候，海军界发生了一场有损海军声誉的桑普森·施莱纠纷事件。

当时，埃德加·S.麦克莱编写的《美国海军史》第三卷被选为海军军官学校的教材。书中在列举事例时，谈到了温菲尔德·斯科特·施莱在美西战争中的表现，对其在加勒比海湾战中的做法进行了严厉的批评，指责他不服从命令，不敢勇猛进攻，因此延误了对敌人的封锁，并称之为懦夫。

战斗开始时，美国舰队司令桑普森海军少将正在他的旗舰上同美国将军商谈事情，便把指挥封锁的任务交给了施莱。恰在这时，西班牙舰队抓住时机，突然冲出港口以密集火力射击作为掩饰，突破了封锁线并沿古巴海岸向西逃去。

美军舰队收到了追击的命令。然而，施莱的"布鲁克林"号巡洋舰却听从施莱的命令往东航行，然后才兜了一个大圈子跟上大队去追击。虽然战斗最后依然以西班牙舰队的覆灭而告终，施莱的这次指挥却招来了诸多说法，麦克莱便是其中之一。

他在书中叙述这一事件时写道："一艘美国战舰的可耻洋相，它虽有优于敌人的兵力支援……却故意夹着尾巴逃跑。"当这种指责公诸于众后，全国报刊舆论哗然，美国公众为之震动。因为杜威、桑普森、施莱等人曾被公众当做战胜西班牙的美国海军英雄加以崇拜。而今的指责无疑令美国公众难以承受，民族自尊心受到伤害。而且，施莱在盛怒之下，要求海军军官学校放弃采用麦克莱的著作作为教材。

迫于压力，海军军官学校满足了他的要求，同时，出版商也收回了全部没有卖出的书籍。但是，报刊上引用的有关段落却已经深入人心。施莱为了挽回他在军事上的名誉，要求法庭以杜威将军为主席展开调查。不幸的是，无论怎么调查、掩饰，事情已经发生了意想不到的演变，这次事件已经变成了臭名昭著的桑普森·施莱纠纷事件。因此，海军本来以显赫的荣耀凯旋，却因此事受到了人们的嘲笑。

事件虽然已经落幕，但对忠于海军事业的人来说，这无疑是一道永远的伤疤。尤其是对于正在海军军官学校学习的尼米兹来说，就像受到了一种无可比拟的创伤。血气方刚的尼米兹对这种有损海军威望的争吵感到愤慨，并发誓将来会尽自己最大的努力不再让这类公开品评海军长短的事情发生。果然，在他有生之年，他总是在可能的范围内尽量预防和避免公开的争论，也竭尽全力维护部属的感情和名声，这从某种程度上更赢得了将士们的崇敬。

在海军军官学校里，学员是不允许喝酒的，但一些胆子大的老学员往往会爬上正在建筑中的屋顶上，利用建筑周围的遮网隐蔽起来，偷偷举行啤酒聚会。场地虽然解决了，但买酒却是个不太好应付的差事。因此，这件事都会抽签决定，以示公平。一次，尼米兹抽中了。于是，他就穿着袖上缀着三条杠、领上挂着三颗金星的制服，拎着空行李箱，若无其事地走出了营门。没有被卫兵拦下、顺利出了营门的尼米兹心里暗自高兴。

当尼米兹在啤酒代售处把一打冰啤酒装进箱里时，他发现店主人身旁站着一位长相颇为英俊、黑头发的先生，那位先生散发出来的颇为不凡的气场让尼米兹下意识地多看了几眼。当尼米兹拎着装满啤酒的箱子返回学校门口时，心中有些七上八下，不过，他并没有受到盘查，很顺利地完成了差事。

然而，就在尼米兹觉得啤酒事件已经时过境迁的时候，一件出乎意料的事情发生了。在接下来周一的领航课上，他竟然看到了那位曾经在啤酒代售处遇见的先生。那位英俊的、黑头发的先生穿戴整齐地坐在教员的位置上。经介绍，这位先生是利瓦伊·卡尔文·贝托利特海军少校，原为海军军官学校1887年级的学员，最近才调来任教官。尼米兹几乎惊呆了，他已经不能思考了，不知道有什么难以预料的暴风雨在等着他。

忐忑不安的尼米兹走到座位旁坐下来，他此时甚至有种绝望的感觉，担心自己的海军生涯将因那一箱啤酒而提前结束，惶恐不安的他祈求永远不要下课。然而，一天过去了，贝托利特并没有要找他谈话的意思，甚至连一点儿曾经见过他的表示都没有。难道他不记得那个买啤酒的人了吗？尼米兹马上否定这个判断：一定不会的，他当时可是穿着学员制服的啊！

到最后贝托利特都没有提起啤酒的事，当然，尼米兹也没有再犯过这种错误，而且，对贝托利特表现出的"宽容和谅解"表示由衷的感谢。这件事对他影响很大。事后，他说："这次越轨行为给我上了一课，使我知道以后在海军军官学校的日子该如何做。它也使我懂得了宽容的作用。对待初次违反纪律的人，应该采取宽容的态度，因为几年后，这些人可能会成为优秀的指挥官。"

后来的日子里，尼米兹非常希望有机会能对贝托利特当面表示感谢。但直到贝托利特去世，他们都没有再次见面的机会。

3. 战舰上小试牛刀

1905年1月30日，尼米兹和他的同学们从海军军官学校顺利毕业了，并成为该校考试合格的学员。而且，在这一届学员中，最终升为海军少将以上的有16人。

毕业后，尼米兹回到得克萨斯州老家作短期休假。随后，他从圣安东尼奥乘火车去西海岸，约他的朋友、与他同获奖章的同班同学布鲁斯·卡纳加，一道去旧金山"俄亥俄"号战列舰上报到。

在1898年国会批准建造的战舰中，"俄亥俄"号榜上有名，这艘刚刚通过试航验收的战舰装有4门12英寸和16门6英寸的火炮，不仅如此，12000吨的排水量，17节的最大航速也是它的标志性特征。而舰长则是1867年从海军军官学校毕业的莱维特·C.洛根海军上校。

上学时期，尼米兹就已经给大家留下了很不错的印象，大家都认为他属于对未来充满信心的勇往直前派。他这种优秀的品质在实习刚开始的时候就显露出来了。

洛根上校在他向海军军官学校学术委员会作的第一季度报告中写道："学员尼米兹在来到'俄亥俄'号舰上的短时间里表现得很好。"第二季度末，尼米兹得到了舰长的赏识，担任过船艇官和舰面助理军官。在这个季度的报告中，洛根写道："学员尼米兹是一个优秀的军官，我高兴地把他推荐给学术委员会，请给予最优先的考虑。"

尼米兹上舰后不久，"俄亥俄"号作为美国亚洲舰队的旗舰向远东出发了。1907年1月31日，尼米兹和布鲁斯被正式委任为海军少尉。不久，尼米兹随"帕奈"号炮艇离开甲米地，卡纳加指挥炮艇"巴拉圭"号也出发了。

他们的任务是，向最近被征服的菲律宾人和苏禄群岛上的莫罗人进行一种类似"炫耀力量"的巡航，同时对当地土著人给予可能的帮助，必要时为他们解决一些纠纷。这种巡航虽然不会遇到什么严重的事情，但这对两个年轻的海军少尉来说是相当冒险的，也是必不可少的历练。

不久，尼米兹同"帕奈"号炮艇奉令调到甲米地海军基地，基地的司令是尤赖亚·罗斯·哈里斯海军少将。哈里斯是一个铁面无私、刻板严肃、严格执行纪律的人。某天，他对尼米兹说，要调他去指挥一艘退出现役、急待调到干船坞去的驱逐舰"德凯特"号上工作。尼米兹欣喜万分，他意识到这是个不同寻常的命令。因为一般情况下，即使是在最紧急的状态下，也决不会让一个年仅22岁的海军少尉去指挥驱逐舰。

在尼米兹同时代的人中，斯普鲁恩斯第一次任驱逐舰舰长这个高级职务时是26岁，哈尔西30岁，金是36岁。尼米兹从哈里斯脸上露出的那难得的、长辈的微笑中意识到了什么，他知道自己将面临一次重大的考验，或许人生也会因此而更加与众不同。

这个消息使得尼米兹辗转难眠。第二天，他就穿着白色制服、挂着佩剑，出现在了"德凯特"号上。

虽然，尼米兹在上舰之前已经作好了充分的心理准备，然而，事情远远没有想象的那么简单。这艘驱逐舰给他的第一印象是：残破的老驱逐舰。没有粮食、没有淡水、没有油，重要设备也已经丢失，几乎是一个空壳，用"残破"来形容一点儿都不过分。再加上人员只有刚来报到的一群军官和水兵，了解状况后的尼米兹被一种孤立无援和绝望的情绪包围了。

陷入困扰的他凝视着马尼拉波涛起伏的海面，远眺着群山上的苍柏密林，心情渐渐平静了下来。他决心坦然面对眼前的一切，并给自己打气：既然被委以重任，那么，一切都不是问题。尼米兹下决心要通过自己的努力有所作为，不辜负上司对自己的信任。

说干就干，尼米兹与之前在"帕奈"号炮艇上打扑克时结识的几位准尉军官取得了联系。他们表示愿意尽力帮助尼米兹解决困难。尼米兹带领水手们很快用驳船把大批装备、煤和水运到了"德凯特"号上。经过夜以继日的劳动，"德凯特"号终于有了"内容"，尼米兹和他临时召集的舰员们终于使舰上的一个锅炉冒气了。

两星期后，军舰开出了干船坞，并具备了准备作战的能力。

当时，正值西奥多·罗斯福总统派遣国防部长威廉·霍华德·塔夫托作为他的和平友好使者到世界各地访问。于是，尼米兹少尉便奉命护送塔夫托一行从奥隆阿波返回马尼拉。

随后，尼米兹随"德凯特"号舰被派去菲律宾南部，在棉兰老岛附近和苏禄群岛的老地方巡航。就在这时，发生了一件预料不到的事。

1908年7月7日晚上，"德凯特"号在进入马尼拉湾南面八打雁港时，尼米兹由于疏忽大意没有测方位，也没有检查是涨潮还是落潮。突然间，测探员大叫了一声："长官，船不动了！"驱逐舰在泥岸上搁浅了。尼米兹心里很不舒服，他为自己的疏忽感到十分懊恼，想把舰再退回去，但却没有办法。

天亮后不久，迎面驶来一只汽艇，它把"德凯特"号从泥岸拉入深水。尼米兹少尉如实地上报了这件事。按照当时的海军条令，造成搁浅要进行调查，必要时对肇事者要给予处分。于是，尼米兹被传讯到"丹佛"号巡洋舰上出庭受审。

法庭认为尼米兹有过错，但只是"疏于职守"，决定由"美国驻菲律宾海军司令给予当众警告"处分。这场官司一点也没有影响尼米兹的前程，反而给他带来了好运。因为他被解除了在"德凯特"号驱逐舰上的职务，在判决后两星期就回家了，正好享受与家人团聚的幸福时光。

这件事之后，尼米兹越过了海军中尉这一级，直接晋升为海军上尉。

4. 未尽的缘分

也许，尼米兹硬朗的个性适合大海这个环境。曾经有一个离开海军的机会摆在尼米兹面前，可他最终还是选择了大海。也不知道是大海舍不得他，还是他注定要与大海结缘一生。

还记得在巡洋舰上实习的时候，尼米兹耳朵不舒服，可舰上又没有医生，舰长便用机舱里没有消毒的长柄油壶将硼酸灌进他的耳朵作了应急治疗。但也因此引起了感染，留下了轻微耳聋的后遗症，此后一直无法治愈。这对他后来的工作造成了或多或少的困扰。他后来回忆说自己在工作中的很多场合都只能靠辨认嘴形来弥补听力上的不足。这从某种程度上来说是一个海军指挥官不应该有的障碍。

若是想离开海军，这之后的一次伤病无疑是绝佳的机会。

舰艇在巡航时，尼米兹经常需要接待来自海军和民间的参观人员，向他们讲述柴油机的工作进展。有一次，他在解说的同时进行演示。就在那时，他演示的一只手不小心伸到了旋转的齿轮上，有两个齿轮马上绞住了他为防止沾到润滑油而戴的手套，接着，一个指头便被卷了进去。好在他手上戴着的毕业戒指卡住了转动的齿轮，手才幸免于难。

关于这件事，他的妹妹多拉回忆说："我们是同母异父，但他对我格外关心爱护。在他毕业回家时，我看到了他手上的毕业戒指，执意想要。他十分珍视，却还是让我戴上了。当他结婚时，他告诉我，他惦念这只有特殊意义的戒指。我不想还他，但我知道他心里不好受，还是马上取下来还给了他。幸亏还给了他，否则他的海军生涯在这个时候就会结束了。"

手指的伤势很重，尼米兹被送到了海军医院。医生将被轧断的无名指洗净，并缝合了伤口，嘱咐他要好好休息。可尼米兹说，参观的人还在等着，想要早点回去。看着尼米兹着急的样子，医生不放心，说："我告诉你，你先进屋待一个小时，再视情况而定。"

一小时以后，尼米兹因疼痛休克在病床上。

就在尼米兹因伤住院期间，离开海军的机会悄然找上门来。

当时，美国市场对柴油发动机的需求量极大。而尼米兹是当时公认的柴油机专家。柴油机制造商经常想办法拉拢尼米兹，希望能借助他的力量。这其中要数圣路易斯的布希·萨尔泽兄弟柴油机公司最为积极，他们为了争取尼米兹为他们服务，曾派专人前往布鲁克林，试图以高薪劝诱他脱离海军。

与尼米兹曾在一个办公室的瓦尔特·S·安德森海军上尉后来回忆说：

"1915年的一天，有一个人来到我们办公室，自我介绍说他是圣路易斯城一家柴油机公司的代表。本来我以为他们是在谈有关工作中的问题。交谈中才渐渐听明白，他们是想雇用尼米兹。那人开出了年薪2.5万美元的条件，并答应一次性签订长达五年的合同。当时还没有交个人所得税的规定，这条件可以说是相当优越了。

"对海军来说，尼米兹可以说是不可或缺的军官，我十分担心他会答应这件事。但他的回答让我一下子放心了。他说：'谢谢你，我并没有离开海军的打算。'后来，他们又交谈了很长时间，那个人竭尽所能地劝告，甚至说钱根本不是问题，可以随便尼米兹开价。就是这句话让我又担心起来，这可是非常有诱惑力的啊。因为这表示他可以开出更让人心动的条件。可尼米兹的回答让我非常欣慰，他说：'不，我的意思是我不想离开海军。'那个人带着尼米兹的拒绝失望地走了，而我却欢天喜地起来。

"待那人走远以后，我急忙迎上去，对他说：'切斯特，你知道我刚刚听到你们的谈话时有多担心吗？你太好了，我代表海军感谢你拒绝了他们的要求。'"

毫不夸张地说，尼米兹就是当时海军的"王牌"，他对海军的执著也许就是一代名将即将诞生的征兆。

第三章 收获爱情

> 如果你爱我的话，请为我祝贺吧。
>
> ——尼米兹

1. 情窦初开

尼米兹和众多的年轻人一样，在情窦初开的年纪对爱情有着美好的渴望和憧憬。

其实，早在上中学的时候，尼米兹就懵懵懂懂地和女孩子交往过。只不过那只是一次青春期的萌动。在一个比较特别的场合，他认识了一个叫伯莎·赖利的女孩儿。为了讨好刚搬来的她，尼米兹偷偷拿来了朋友藏在桥桩下的小船，和伯莎·赖利开始了像模像样的"约会"。这位一向懂事听话的孝子在放学后第一次没有马上回家帮母亲干活。

后来，母亲安娜不见尼米兹回家，又从路易斯那里了解到此事，十分气恼。她沿着河岸去寻找"迷途"的儿子，在河湾处找到了坐在船中的尼米兹和伯莎。安娜非常生气，据路易斯回忆，她甚至还动手打了尼米兹，但尼米兹否认此事。不过，这件事多少为人们找了些开玩笑的谈资。直到尼米兹身着将军制服回到家乡时，路易斯·施赖纳仍拿此事开他的玩笑。

尼米兹真正的、也是唯一一次恋爱是在他26岁的时候。关于这次恋爱，有一个小插曲，尼米兹本应向这个新英格兰家庭的长女求婚，最后他却与她的妹妹结成了终生伴侣。

1911年11月，尼米兹初次遇见了凯瑟琳·弗里曼，受到了爱神的眷顾。当时，尼米兹已是"独角鲸"号潜艇艇长兼第三潜水艇分队司令。他接到命令去马萨诸塞州的昆西，负责监督安装他准备出任指挥官的"鲤鱼"号潜水艇的柴油机。刚到不久，尼米兹就遇到了老朋友，他在海军军官学校时的朋友普伦蒂斯·巴西特海军上尉。

　　尼米兹被巴西特邀请去沃拉斯顿他的家中共进晚餐。晚饭前，两人沿街散步，巴西特建议顺便结识一下当地的知名人士弗里曼先生。出色的船舶经纪人弗里曼先生对两位海军上尉的到来感到分外高兴，盛情地招待了他们，并请他们晚上来家里打桥牌。

　　在这之前，巴西特特意偷偷地向尼米兹介绍了弗里曼的大女儿伊丽莎白的情况。伊丽莎白今年25岁，是镇上颇受人喜欢的姑娘，追求她的人很多。尼米兹虽然有心，但也不想打无准备之仗，他只表示愿意见见。

　　不料，当巴西特和尼米兹晚上应约而来的时候，伊丽莎白偏偏有应酬出去了。桥牌桌上三缺一，于是，平素极不喜欢玩牌的凯瑟琳被邀请入伙，她是弗里曼的小女儿，当时只有19岁。

　　尼米兹是个情感非常细腻的人，他在打牌期间细心地观察了凯瑟琳的举止，很快便喜欢上了这个腼腆内向、不爱显山露水的女孩。而且，尼米兹发现她还具有内在的坚定性和判断力。这也是她最让尼米兹赞赏的地方，他觉得这些品质与自己的性格完全相投。

　　凯瑟琳虽然年纪小，但也是个非常有心、充满智慧的女孩。她在陪两位军官喝茶和打牌的时候，也不动声色地观察尼米兹的一举一动。凯瑟琳在短短的时间里就发现了尼米兹的与众不同之处，正如后来她的回忆："当我们坐着喝茶的时候，我仔细端详了普伦蒂斯带来的这个年轻先生。心想，他是我一生中看到的最美的男子。他的浅黄色卷发有点过长了，我猜那是由于在海上待得太久没有理发的原因。我一直在想，这真是一个可爱的人，他眉清目秀，笑容和蔼可亲。"

这绝对是个令人愉快的晚上，尼米兹宽厚温和的性格深深地打动了凯瑟琳。后来，尼米兹常常和另一位朋友海因尼一起应邀到弗里曼先生家做客，打牌也成了他们常有的消遣。不过，尼米兹和海因尼的牌技似乎越来越"糟"，因为他们想与姑娘们在一起的时间更长一些，总是想尽办法使桥牌不成局。因此，某种程度上，桥牌可以说是尼米兹和凯瑟琳的红娘。

2. 有情人终成眷属

随着事业的顺风顺水，尼米兹和凯瑟琳的感情也顺理成章地向前推进，发展到了热恋阶段。无论工作多么繁忙，尼米兹总是会每天写一封信给凯瑟琳，哪怕只有寥寥数语。凯瑟琳常常开玩笑说，有的时候他的一封短信犹如电报一样。

有一次，他这么写道："我昨天不得不下水游泳，真是冷极了。"

这封信虽然短得像电报，但实际上却掩饰了一件惊险感人的事。当时，在汉普顿锚地，"鲣鱼"号的一个水兵不慎落水，被卷入激浪之中。不幸的是，这位士兵的水性很差。尼米兹得知实情后，毫不犹豫地跳入水中，希望能搭救他。当时是3月，海水还是刺骨地冷。尼米兹既要救人又要应付阵阵袭来的巨浪，情况颇为危急。就在他感到筋疲力尽的时候，"北达科他"战列舰上的观测手发现了他们，派出一只快艇把他们营救了上来。

作为一个海军军官，尼米兹能够冒着生命危险去救一名士兵，这一壮举为尼米兹在他的早期工作中赢得了爱护部属的美誉，财政部门也特别奖励了尼米兹的英雄行为，向他颁发了一枚银质救生奖章。后来，他告诉凯瑟琳，这枚奖章在他心目中的地位是无可替代的，因为它不是由于战争杀人，而是由于救人获得的。

1912年夏天，潜艇停泊在科德角顶端的普罗文斯敦港，这里离普伦蒂斯·巴西特的住处非常近。已经成家的巴西特在海角上有一所房子。那栋房子也顺理成章地成为尼米兹和凯瑟琳、海因尼和伊丽莎白、普伦蒂斯夫妇这几对情侣欢聚一堂之所。

伊丽莎白作为姐姐，尽管认可了尼米兹和小妹凯瑟琳的关系，却依然习惯于在各种场合管束她。已经长大成人、有了男朋友的凯瑟琳对此相当不满，却又不能明确表示。有一次，大家照例在普伦蒂斯的船上举行午餐会。气氛到了高潮时，红酒被端上了酒桌，凯瑟琳十分兴奋，跃跃欲试，因为之前她从未沾过酒。这时，和他们不同桌的伊丽莎白看出了妹妹的心思，马上从座位上站起来，走了过去，并大声告诫妹妹说："不要喝酒，不许你喝酒。"

凯瑟琳伸到半空中的酒杯霎时僵在那里，她看上去十分窘迫不安，不知道怎么办才好，只好羞愧地将脸转了过去。尼米兹见状，站起来，看了伊丽莎白一眼，以平静而毋庸置疑的语气说："伊丽莎白，我在照顾你的妹妹，我不会让她多喝酒，不过，喝一杯总可以吧。"

尼米兹铿锵有力、有理有节的话语表明，从此以后凯瑟琳的生活要交付给他这个未来的军官丈夫，而不是其他什么人。自那以后，凯瑟琳与尼米兹的关系更加亲密了，甚至可以说，凯瑟琳已决定将自己的终身托付给尼米兹了。

1912年8月28日，尼米兹给远在得克萨斯州克维尔的母亲写了一封信：

亲爱的母亲：

如果你爱我的话，请为我祝贺吧。我已与马萨诸塞州沃拉斯顿的凯瑟琳·B.弗里曼订婚了。我们将在1913年四五月间我调离潜艇等候岸勤工作时结婚。弗里曼家的情况我已详细告诉你了，你也一定看到了他们的照片。去年12月到今年1月期间，我经常同他们在一起生活。我将在今年12月圣诞节前回家探亲。

……

在这封信里，尼米兹老成地告诉母亲，自己已经想好了以后的人生道路，也完全能为自己的人生做主了，请她不用担心，在经济方面他也完全可以自己承担。同时，尼米兹还提到，想请母亲给未来的儿媳妇写一封热情友好的欢迎信。

不久之后，尼米兹被授予大西洋潜艇分队司令职务，率领着"鲤鱼"号和"鲟鱼"号向南开进到古巴水域巡航。

分离的情侣忍受着相思之苦，同时又对越来越近的幸福充满了憧憬。他们依然保持着每天一封信的习惯。甚至把结婚的准备工作和婚礼仪式安排的工作都交给了那些像军事文件一样的信件。因此，当尼米兹在结婚仪式的前一天抵达沃拉斯顿时，一切已经准备就绪。

1913年4月8日，尼米兹和凯瑟琳的婚礼在弗里曼家中如期举行。这是典型的海军式婚礼，简约而又隆重。来宾除了弗里曼的家人，全都是潜艇上的军官。女傧相由伊丽莎白担任，男傧相则是尼米兹在海军军官学校的同室密友乔治·斯图尔特海军上尉。

婚礼过后，尼米兹和凯瑟琳乘火车去了纽约。在那里，这对新婚夫妇尽情地享受着难得的假期。欣赏五花八门的橱窗展示，欣赏名胜，到中央公园漫步……在凯瑟琳眼里，一切都是那么神奇，她完全陶醉在纽约这个大都市里，就连那些闪烁的霓虹灯光，都宛如无数只幸福眨动的眼睛，成为了她心里永恒的美。

新婚之旅的幸福永远地定格在了凯瑟琳的记忆中，她后来回忆说："当时我们认为那番情景实在太美了。"

3. 与凯瑟琳在一起

在众人眼中，尼米兹和夫人凯瑟琳是天生一对、地造一双的恩爱夫妻。虽然他们常因公事而分离，但兴趣相投、爱好一致让他们常常不谋而合，成为绝佳的夫妻拍档。

尼米兹和凯瑟琳在蜜月旅行后，开始着手计划去得克萨斯州切斯特家省亲的长途旅行。

然而，得克萨斯之行却几乎变成一场不愉快的旅行。亨利爷爷去世了，在整个家庭里热情欢迎凯瑟琳的只有母亲安娜。因为按照传统，尼米兹应该迎娶弗雷德里克斯堡移民的后裔为妻。亨克族人和尼米兹的叔叔、婶婶们显然都执著于这种想法，他们在接待这位来自马萨诸塞州的新媳妇时，显得有些不够热情，时不时互相用德语低声嘀咕。他们对这位新加入的美国人并没有多大的好感。

尼米兹事先完全没有料到会发生这样的事，这种局面完全在他的控制之外，他十分生气。当然，这与他自己的经历有关。自从他离开克维尔后，他就不再认为自己是一个美籍德国人、得克萨斯人或南方人，只是觉得自己是一个美国公民。

于是，趁着晚上的家庭集会，他把自己的这种认识向全家人解释了一番。当时，他的一位婶婶问他："尼米兹，如果南方和北方再打起来，你站在哪一边？"那位婶婶边说边用眼睛瞄了一眼凯瑟琳，其中的含义非常明显，婶婶认为他的处境非常艰难又尴尬。凯瑟琳大吃一惊，她对政治的认识比较单纯，从小就认为内战早已结束，南北之间的旧怨怎么会影响到她与尼米兹的感情呢！尼米兹虽然没想到自己会被问到这个问题，但他毫不犹豫地说："嗨！我当然会站在联邦这一边。"

尼米兹家族和亨克族人的确有些成见，但他们也是通情达理的，明白并不是所有的美国人都是和他们敌对的。通过交谈，他们发现凯瑟琳尽管是个美国人，但善良聪明、智慧娴淑，更难能可贵的是她和尼米兹彼此相爱。有什么比这更重要的呢？于是，家族里的人的态度也慢慢改善，开始接纳这个尼米兹选中的女子。在这对新婚夫妇结束探亲之前，他们已经放弃了偏见，把这位来自马萨诸塞州的姑娘当成了他们家族中的一员。

老外祖母也从弗雷德里克斯堡特地赶来克维尔看望凯瑟琳和尼米兹。这对凯瑟琳来说是大大的喜事，她渴望同她见面。尼米兹在同凯瑟琳结婚前，曾向弗里曼太太介绍过他外婆家的情况。他说："我的亨克族外祖母96岁了，她真了不起。"还说："你知道，我有一个舅舅比我还年轻。"亨克族外婆最小的儿子那时候刚刚26岁。这使得这个健朗的老太太在弗里曼家族中成为一个神秘的人。

终于见面了，但在凯瑟琳看来，亨克族老太太丝毫不像96岁的人。这促使她想问问她的真实年龄。不过，亨克族老太太只会一点英语而凯瑟琳又不会讲德语，凯瑟琳担心她的问题会给老太太造成困扰。

有一天，老太太情绪非常好，凯瑟琳见状，鼓起勇气把亨克族老太太叫到一边问道："外婆，你多大年纪了？"亨克族老太太毫不犹豫地答道："69岁了。"凯瑟琳听后非常感慨，情不自禁地告诉亨克族老太太，尼米兹向弗里曼太太所介绍的情况，老太太听后捧腹大笑起来。那天下午，外祖母一次又一次地狂笑，并时不时看看尼米兹和凯瑟琳，大家都不明白发生了什么事，还以为老太太的身体哪里不舒服呢。

一直到假期结束，凯瑟琳都被包围在一种愉快的氛围中。假期结束后，尼米兹上尉带着尼米兹太太返回华盛顿上班，开始了两个人的新生活。恰在这时，尼米兹接到了前往欧洲的命令，这使得即将和他同行的凯瑟琳十分高兴。

当时，海军打算在几艘大舰艇上试装柴油机，但建造和安装柴油机的技术只有国外才有。上级为了让舰艇上的柴油机充分地发挥作用，决定派人到安装技术相对比较成熟的德国学习。于是，由已经享有柴油机专家美誉的尼米兹和船厂的另外两名文职人员组成了学习小组，远赴德国。

1913年，尼米兹和凯瑟琳乘客轮前往欧洲。那时，德国庆祝威廉二世皇帝即位25周年的活动即将进入高潮。布罗姆一弗斯船厂也为这次庆典活动建造了一艘大军舰，打算在14日星期六下水。届时，全德国军政要人和海军首脑都将到汉堡来参加下水典礼。

转眼，军舰下水典礼的日子就到了。尼米兹同他的伙伴虽未受到正式邀请，但也被允许站在客人后面观看。庆典的场面非常壮观：鲜艳亮丽的佩带、金色穗带的制服、花样繁多的荣誉标志，这些都给人一种华丽而又庄严的感觉。

然而，主持典礼的奥古斯特·冯·麦肯森将军怎么也想不到华丽的开端会以失败告终。因为在仪仗队举枪致敬、国歌演奏完毕后，巡洋舰却始终未能按照预期计划进入航道。最后，船厂的一位官员不得不红着脸宣布，因为海水正在落潮，军舰下水将取消。原本华丽的庆典仪式就这样草草落下了帷幕。

过了几天，尼米兹和太太去纽伦堡作短期旅行，经一位德国婶婶介绍，住宿在"红公鸡旅馆"。那里风景如画，幽雅别致，不过风俗习惯却有差别，尼米兹和凯瑟琳极不适应。有一次，尼米兹夫妇要找浴室，没想到管理人员却让他们穿上浴衣后，在众目睽睽下穿过大厅。尼米兹非常无奈，表示接受不了这样的习惯，当天就搬到另一家更为普通的大旅馆里，租了一间带有洗澡设备的小房间。

不久之后，尼米兹和凯瑟琳回到了汉堡，给他在得克萨斯州的母亲写了一封信。信上说：

亲爱的母亲：

我们在纽伦堡住了4天后又回到了汉堡，一个多月后将再去纽伦堡。在那里停留的时间会比上次更长。我们现住在汉堡中心区的奥森阿尔斯特尔，这是一个好地方。我们住在两间有漂亮阳台的房间里，可以看到外面美丽的花园。休息时，我们去湖上荡桨使帆。

汉堡是一个漂亮的城市，我认为它比我到过的任何城市都美。我们的城市的确还不能同它相比。这里有更多的花园、公园一类的地方；还有不少啤酒店，就是巴伐利亚人喝啤酒的厅堂。我生平没有见过这么多人喝啤酒，就连小女孩吃早饭时也要坐下来喝上半升。

凯瑟琳和我都喜欢喝啤酒了。我们不时地学一点德语，因此，我对每样东西都比较容易理解了，她也开始入门了。我不能把这里所有的事都告诉你，但我将把我们访问过的这些地方的画册寄给你，让你自己去欣赏……

就此搁笔，我俩向您致以最亲切的问候。

你的儿子切斯特

在这封信里，尼米兹用极为轻松的语调述说了在德国的经历，让母亲放心。然而，实际生活中的尼米兹很少有时间去划船或进行其他娱乐活动。每天早晨7点半左右，他就去船厂了，而且很少晚上7点钟以前回家。

繁忙的工作很快结束了，尼米兹收获颇丰。他在同凯瑟琳去丹麦和瑞典南部作短期的愉快旅行之后，返回美国，结束了他们的欧洲之旅。

尼米兹和凯瑟琳的婚姻生活虽然平静却满是甜蜜，爱情结晶也相继而来，小切斯特和小凯瑟琳的出生为这个家增添了一份别样的喜气。

那个时候的日子是悠闲而又舒适的。尼米兹和凯瑟琳从华盛顿大道搬到了弗拉特布什。尼米兹的工作也不是那么繁忙，总是能找到空余时间和孩子一起享受阳光绿荫的美好。星期天的早晨，尼米兹把孩子带到公园里去玩。凯瑟琳留在家里为他们准备饭菜。尼米兹推着小推车里的小切斯特，拉着放在后面小车上的小凯瑟琳。温暖的阳光下，小切斯特把玩着手里的玩具，小凯瑟琳则拿着零食和漫画书，两个孩子在这一刻出乎意料地乖巧。这温馨的一幕和周围风景的美妙融合往往让尼米兹忘记了回家的时间和家里准备好的午餐。

由于常年在外奔波的尼米兹很少有回家乡的机会，在孩子们都稍大了一点的时候，凯瑟琳决定带孩子们去得克萨斯州看看祖母和继祖父，以及亨克家族的其他成员。

与上次稍显尴尬的气氛不同，凯瑟琳这次在克维尔受到了丈夫家的热烈欢迎，特别是她带来的那对非常可爱的小尼米兹。安娜·尼米兹看到儿媳妇和小孙子、孙女尤其感到高兴。凯瑟琳后来这么描述她和婆婆的见面："再没有人比我的婆婆更加疼爱我了。她是一个笑容可掬、满面春风、非常非常漂亮的妇女，而且非常善解人意。"

那时候，尼米兹所在的"莫米"号恰好到达位于得克萨斯州的阿瑟港装油，而从克维尔坐火车去阿瑟港只需几个小时。在安娜的安排下，凯瑟琳把孩子留在家里，单独去阿瑟港看望了尼米兹。这次行程让凯瑟琳和安娜的关系更进了一步，简直如同真正的母女一般。

1918年9月13日，又一个小生命降临到了这个暖意融融的大家庭里，这个孩子随她的祖母也取名叫安娜。小安娜很活泼，而且非常自信，一点也不像她的祖母那般温顺沉默。因此，家里给她取了个绰号，叫南希。此后，南希也就成了她的名字。

时间在飞快地流逝着。转眼间，小切斯特和小凯瑟琳已到了上学的年龄，小南希也开始摇摇晃晃地学走路了。每天晚上睡觉的时候，尼米兹和凯瑟琳都会轮流给他们朗读故事。孩子们也将这个节目作为日常生活中的必修课，就算成家立业了也从来没有忘记那些有故事听的日子。

后来，小凯瑟琳回忆说："我还记得，那时我家的房子在檀香山上，父亲坐在底层大厅里的一把长背椅上，给我们朗读《鲁宾孙漂流记》，他从头读到尾。那时，他给我们朗读的另一本书是我的大伯从剑桥寄给我们的梅特林克的《青鸟》改写本。他朗读了一半，或许还不到一半，就读不下去了。现在我长大了，我认为他那样做是无可非议的。我也讨厌那本书。"

1931年，他们最小的女儿——玛丽·梅森·尼米兹也来到了这个世界上。

与她的哥哥姐姐不同的是，玛丽的童年经历了人类历史上最大规模的战争——第二次世界大战。1941年12月7日，日本偷袭珍珠港，美军正式对日宣战。尼米兹作为太平洋舰队总司令奉命开赴珍珠港。但由于局势紧张，政府明令家属不得随行，因此凯瑟琳和孩子们单独留在了华盛顿。但凯瑟琳很快就厌烦了华盛顿战时那种谣言甚嚣的生活。在她看来，那是一段对生活极为不利的、极不平静的日子。

1942年6月，当玛丽放暑假的时候，凯瑟琳放弃了在那里的一套公寓住宅，带着11岁的玛丽横跨大陆，千里迢迢地把家搬到加利福尼亚州的伯克利市，那是她和切斯特曾经度过多年幸福生活的地方。

凯瑟琳的这次搬家之举还有一个重要的原因，为了便于在尼米兹定期到旧金山同约瑟夫·金上将会晤期间，彼此能够见面。因为尼米兹曾在最近的一封信上做出某种暗示说，夏天将有这样一次会晤。但为了保密，也为了不至于让凯瑟琳失望，他没有详谈。

写信可以说是尼米兹和凯瑟琳主要的沟通方式。当时，尼米兹常常会和凯瑟琳谈论他的工作和生活，一来能让凯瑟琳更好地了解自己；二来，凯瑟琳也是个睿智的女子，常常会有不错的想法。然而，尼米兹和凯瑟琳曾担心在信上谈论机密可能会泄密。

因此，在他们来往的通信中，使用了一种只有他俩才能读懂的语言。凯瑟琳也乐意这么做，单单是这种举动已使得他们的通信透露出与众不同的刺激与幸福之感。

有一次，尼米兹在给凯瑟琳的信件中谈到，他对经历过珍珠港事件的参谋人员的处理方式。刚开始，他还保留着他们所有的人，一是为了利用他们所掌握的情况，再就是让他们参与打击日军的行动。后来，他才开始把他们轮流调出。他还和凯瑟琳认真仔细地讨论过自己对人员调配所做的考虑。

尼米兹善于把刚从沙场征战中归来的人调来当参谋，把对坐办公室即将腻味的人调去作战部队打仗。他这种更新人员的做法往往能够收到不错的效果,而且深得部下们的赞扬。因为尼米兹认为,有发展前途的军官必须具备丰富的经历。

他在给夫人写信时也谈到了与这件事有关的想法:"我的参谋班子将逐步更换。用我新发现的人,来接替我过去所选的人。"并给她透露了一点消息:"再过几个星期,默塞尔将被任命为我的副官。"

普雷斯顿·V·默塞尔早先是尼米兹将军最得力的副官。巧的是,他的妻子也叫凯瑟琳,是尼米兹家的亲密朋友。凯瑟琳·尼米兹知道这个即将任命的消息后不久,听说凯瑟琳·默塞尔已经在皮德蒙特附近找到了新住宅。而且,默塞尔曾告诉妻子,副官将会随将军参加各种重要会议。因此,凯瑟琳·默塞尔就已心领神会,才有了后来的搬家之举。

两个凯瑟琳相会了,同时在场的还有以格林斯莱德将军为首的一些军官。她们被安排在停机坪附近的一个休息室。据接待的人说,尼米兹将军的飞机着陆后将在那里换乘出租汽车。于是,两位夫人在休息室里边喝着咖啡,边天南地北地聊了起来。

突然,一位军官一路小跑进屋来,神情有点紧张地说,尼米兹将军的飞机已经降落,但出了一点"小事故"。两位夫人都神色大变。这位军官见状,忙向她们保证,将军和他的参谋人员只受到一点轻微震动,并没有出大事故。但为保险起见,机上人员将换乘小艇直接去附近的诊疗所。说明情况后,他问两位夫人是否愿意和他一起去看尼米兹,两个凯瑟琳都表示愿意。负责接待的格林斯莱德将军和其他军官则乘坐另一辆车跟在她们后面。

这段路程虽不长,但在为丈夫担心的尼米兹夫人看来却是无比的漫长，让人心急如焚。当汽车到达诊疗所时，凯瑟琳·尼米兹看到两个看护兵用担架抬着一个头部正在流血的人走来，她仔细一看，那个伤员正是尼米兹将军的参谋官林德·D.麦考密克上校，她更加担心害怕起来，难道并不是"小事故"，而是为了安慰她们才那么说的吗？

随后，两位凯瑟琳几乎同时看到了她们的丈夫：尼米兹将军连帽子都没戴，默塞尔中校则紧紧地抱着一个公文包。霎时，她们感到如释重负，怀着感恩的心情和她们穿着湿淋淋蓝色军服的丈夫拥抱在一起。

尼米兹将军和默塞尔中校所搭乘的"斯柯尔斯基"是水陆两用飞机。事故可以说是大风突然袭击旧金山湾的结果。当时，着陆地区的漂浮物因大风没来得及清理。飞机降落时，撞在了像电线杆一样大小的漂浮桩上。

乘飞机的人都没有系安全带，尼米兹将军和麦考密克上校还在玩纸牌游戏。默塞尔中校则守着身边的公文包，因为那里装着太平洋舰队中途岛作战报告的重要文件。出事之前，他们只听到默塞尔的喊叫："啊！啊！"他还没来得及说出一句完整的话，飞机的机头便腾起，悬空翻转，机身已经被撞裂。

值得庆幸的是，尼米兹和默塞尔的座位背向着飞机飞行的方向，撞击并没有导致他们受重伤。然而，麦考密克上校便没那么幸运了，头部受了重伤。在众人打开舱门向外爬的时候，援救的船只也全力驶向已经被撞翻、正在慢慢下沉的飞机。

当救生艇载着救生人员、几位军医和护士到来的时候，尼米兹将军和同机的人穿着湿淋淋的衣服站在机翼上，怎么也不肯离开，这是因为驾驶舱的驾驶员并没有脱险。一向关心部下的尼米兹将军说他不能离开还处于危险之中的同僚。

护士一再请尼米兹上船，但他坚持在伤员没有撤离之前不离开机翼。可他不明白他这么做反倒使自己成了阻碍救援的人。后来，一个二等水兵、18岁的水手，转向将军大声喊道："司令官，请走开，好让我们在这里干活。"他情急之下并没有理会军衔地位。尼米兹听后愣了一下，顺从地登上了救生艇。

尼米兹和默塞尔同他们的妻子见面后，检查了身体，并对受伤的地方做了些治疗。将军在离开医院前，看望了留在那里治疗的每一个伤员，然后，由马歇尔·史密斯海军上尉协助护送到达了杜兰特旅馆。

因时间仓促，尼米兹将军还没来得及换衣服，依然穿着出事故时的军服。尼米兹夫人觉得让将军就那样带着一副狼狈相穿过旅馆正厅有失体统，便对尼米兹说："让我们从底层乘电梯上楼，我可不想让我的丈夫像落汤鸡一样湿淋淋地进到一楼主厅。"上了楼，凯瑟琳就开始忙碌起来。她急急忙忙为将军准备热水洗澡，并在电热器上把将军的制服烤干，打算用熨斗熨平。

就在这一通忙碌之后，为了安全起见，他们又转到了圣·弗朗西斯旅馆。俗话说，小别胜新婚，感情甚笃的尼米兹和凯瑟琳，在相遇以后好似有说不完的话。在整整一天的倾谈中，尼米兹将军好像忘记了，至少是没有去注意他的伤势。

被迫在床上躺了几天的尼米兹将军终于闲不住了。有一天，他突然从床上爬了起来，叫嚷着："我不能再躺在床上了，至少要到街上走走，哪怕逛逛商店也好。"就这样，他穿上便衣，挽着凯瑟琳离开了房间，乘专用电梯下楼，马上就消失在街上来来往往的人群中。凯瑟琳陪着丈夫慢慢地边走边看看商店的橱窗，惬意地享受着这可以说是因祸得福的假期。

尼米兹在稍微好转之后，和凯瑟琳在旧金山地区转了两天，愉快地看望了一些朋友。尼米兹在凯瑟琳的陪同下过得很愉快，甚至忘掉了伤痛。随后，他还和凯瑟琳去海军医院探望了因飞机失事住院的伤员，看到他们个个都开始生龙活虎起来，感到非常满意。

很快，尼米兹的短期休假就结束了。在他离开之后，尼米兹夫人自己也积极行动起来，开始筹划一些有意义的事情。当时，奥克兰正在筹建一所新的海军家属医院。大多数医生都是后备役军官，不熟悉海军情况，因此，院长希望能得到凯瑟琳的协助。凯瑟琳非常爽快地答应下来，不久便投入了这项工作。这便是后来被亲切地简称为奥克·诺尔的医院。

不仅如此，凯瑟琳还经常利用晚上在电台为义卖战争公债、红十字会募捐和其他救济事业发表讲话。她那敏捷的思维和睿智的思想在这些活动中表露无遗，因为她总是亲自起草讲话稿，甚至不需要节目主持人核对和修改。她是全国联播节目中，为数不多的演讲人之一。

有一次，纽约向旧金山发出紧急要求，说："请尼米兹夫人帮帮忙。我们的节目出了点问题，必须找人在预告节目之后讲一分钟。她愿帮忙吗？"凯瑟琳表示非常乐意帮忙。于是，她以海军救济会的名义，从容不迫地发表了60秒钟的即兴演讲。

凯瑟琳的这种社会活动能力来自于尼米兹将军所处的环境和自己的积累。尼米兹的身份和职业，使凯瑟琳结识了许多社会名流。

凯瑟琳像她的丈夫一样消息灵通，并精通上流社会的一切交流技巧。她尊重人才和达官贵人，并且从不畏惧，也不羡慕，总是能坦然面对。再加上她拥有随和的个性，往往能够做到对上层人物和普通人都一视同仁。

这一切都使得尼米兹夫人人缘颇好。年轻的军官们也都愿意到尼米兹夫妇家做客，因为他们往往都能受到盛情款待，并从中学到不少有益的人生经验。这在海军中一度传为佳话。

多年以后，尼米兹在回忆起和凯瑟琳在一起的日子时都会情不自禁地微笑。对他而言，非常重要的是，凯瑟琳能够真正理解他的想法，体谅他的行为，并永远支持他，给了他一个既能招待朋友又能尽享天伦之乐的家。

第四章 谦虚严谨的风格

> 作战目标，进攻战，突然袭击，接敌点要有优势兵力，简要，安全，运动，节省力量，协同配合。
>
> ——尼米兹

1. 将军的规律生活

一个司令部执行力的强弱，在很大程度上，取决于它的参谋人员。尼米兹将军便是个有力的执行者，他总是认为，一个工作起来行之有效的参谋部是非常重要的。因此，尼米兹要求他的部属做任何事都要经过认真思考。

经过尼米兹的办公室时，便会发现门口贴着一张"国家和人一样，预则立，不预则废"的格言。透过玻璃可以看到屋子里的墙上挂着一块告示板，上面写着：

1.建议是否可行？

2.建议行不通会出现什么后果？

3.建议是否在物资和供应允许的范围之内？

这是尼米兹将军对提建议的部属的要求，他希望属下们在提建议之前能认真思考这些问题，提出切实可行的建议。

尼米兹的办公室陈设非常雅致，竹椅上的花坐垫和窗帘的颜色搭配得十分协调，使得整个屋子空气也一下清新起来。其中一面墙上挂着一张大幅地图，非常醒目。而斯普鲁恩斯将军送的那只德国纯种刚毛狗马卡拉帕常常会蹲在尼米兹的脚边。

在尼米兹的办公桌上，最为引人注目的要数玻璃板下压着的那几张有关军事术语的卡片了。其中，位于中间的一张上写着："作战目标，进攻战，突然袭击，接敌点要有优势兵力，简要，安全，运动，节省力量，协同配合。"看见这个的人，会说它是"战争的原则"。不过，尼米兹自己却认为，这仅仅是他的备忘录，能够时时提醒自己检查进攻前的准备工作而已。

尼米兹将军每天的正常工作都有固定的秩序。通常，尼米兹将军会在早饭后散步，7点半以后准时到办公室阅览夜间收到的电报。因此，尼米兹将军对电文的处理非常及时，无论是亲自动手还是指导参谋人员批复。一般情况下，简短的由他自己动手批，长一点的则由他那被称为"快手快脚"的文书、速记获奖者亚当斯代笔。

9点半开碰头会，地点会根据情况而定。人数多就在司令部会议室，人数不多就在办公室里。因此，尼米兹将军的办公室里通常都会放着几把备用的折叠椅，以便邀请临时来访或住在瓦胡岛上的高级军官参加会议。一般的会议只是互通情况，程序也是既定的。先由莱顿中校汇报敌情，再由战区作战官作报告，随后，尼米兹总结引导大家讨论。由于尼米兹将军个性随和，会议气氛通常都比较随便。

10点，是尼米兹将军特意为转换头脑安排的休息活动时间。他有时独自一人逛逛看看，有时同默塞尔或其他军官一起去手枪射击场射击。

11点，尼米兹将军开始接待来访者。他十分重视来访的人，并不会因为是上级或者下属而有所区分。他常说："有些良策就是下级军官和士兵提出的，对我帮助很大。"

很多时候，尼米兹的午餐时间都被开会占用了，但他为了控制体重，在不陪客人或不开会时他通常不吃午饭，而是去休息、散步或晒太阳。

下午便是相对来说可以自由安排的时间，尼米兹将军一般不作固定安排，而他仍有许多事要干，通常要同参谋人员和将要参战的有关军官开会，研究作战计划。尼米兹将军对制订计划从来都是一丝不苟、严谨慎重的，对计划中的每个细节都要一一确定，有时遇到细节问题不合适的计划，会把计划退回去要求重新修改。

作战计划会议一般都由尼米兹将军亲自主持。但他并不是一个独断专横的人，不但自己发表意见，也听取别人的意见。若遇到看法不一致的事件，他总是先听取别人的意见，仔细权衡利弊，然后再作出最后决定。他认为，战场上任何一个指挥者都不可能单独作出远见卓识的决定。

若还有空闲，尼米兹将军会到机关参谋人员那里去转转，了解一下工作情况，给他们提一些参考建议，或去观看海军和陆战队的操练。

值得一提的是，尼米兹将军有一个非常独特的听音乐的习惯。他在每个星期天的10点都要回到马卡拉帕办公室，在那里收听一小时古典音乐。这个时候，将军认为这一周哪些军官使他感到特别满意，就会利用内部通信系统的设备把音乐送到他的房间去。一次，一位新上任不久的军官不知道这件事的始末，当他在房间里忽然听到音乐声的时候惊呆了，随即向拉马尔询问，拉马尔笑着对他说："这是尼米兹将军请你欣赏星期天音乐会，实际上是在向你问好。"

2. 平易近人

有一天，尼米兹提出："按照《海军条令》的规定，我想见见参与指挥工作的各种舰长。"因此，他的副官便用电话通知停泊在基地的各级指挥官，请他们做好必要的安排。随后，拉马尔按尼米兹的指示把要请的来访者领到司令官的办公室。

受到邀请的将官们有点惊讶，但还是非常认真地一一作了自我介绍。尼米兹一面同他们亲切地握手，一面微笑着回答："看到你们我很高兴。"并请大家坐下。坐定后，尼米兹将军便温和地提出希望这些军官讲一讲他正在进行的工作和下一步的计划。军官们都受宠若惊，对于高级指挥官同他们面对面地谈论有关战略、部署的问题感到非常高兴。他们个个精神振奋，认真汇报。

尼米兹在听取汇报时，还不时地根据自己的需要提出一些问题，以便和将官们更好地沟通。若是哪位军官提出一些问题或遇到的困难，便主动和他一起讨论需要怎样才能帮助他们解决这些问题，以作出有效指导。这样，不少问题便在这种谈话中当场得以解决。

接见来访者还有一个好处，就是可以及时了解前线情况，也可以发现人才并合理调配。因此，时不时也会出现这种情况：当一位军官告别走出门外后，尼米兹便会神情愉悦地对拉马尔说："这是我们要注意的一个军官，他将成为一个优秀的指挥官。"身边的参谋人员也非常认同这种做法，曾回忆说："将军每日接待来访，是了解部属的一个机会。"

对属下们来说，这是一个他们与舰队总司令沟通的好机会，极大地鼓舞了士气。当时，将军可以接待下属军官和士兵的消息传遍了全舰队和所有场站，在大家的心目中，尼米兹并不单单是一个高高在上的指挥官，而且是他们亲切的导师，关心他们，愿意同他们打成一片。

记得有一次，"企业"号上的一个水兵，跑到太平洋舰队司令部，说是来向总司令表示"敬意"，卫兵向拉马尔报告了这件事。正巧那天早上，尼米兹将军似乎有些不愉快，面对诸多不顺利的事有些烦恼。拉马尔为了使他高兴起来，就进去告诉他有位年轻人在外边等着见他。尼米兹将军随即答应了，说："叫他进来。"

让人万万没有想到的是，那个水兵见到尼米兹后，竟然情不自禁地痛哭起来。拉马尔赶紧安慰了一下，细问之下才明白，原来他曾同舰上的水兵们打赌，说他能见到总司令。而水兵们认为，他肯定见不到。于是，他们就约定好，如果能见到，就输给他几百块钱。

"这个好办，我们还可以弄点儿证据出来，让他们不得不信。"尼米兹将军在了解了事情始末之后，派人打电话叫来了参谋部的摄影人员。就这样，在那位水兵惊诧的眼神中，将军和士兵一起合了影，照片被当作证据交给了水兵。

雷达兵麦凯莱布也奇迹般地见到了那位传说中的上将。

因为驱逐舰在检修，水兵们被批准回家探亲，麦凯莱布就是其中一个，他带着迫切的心情回到了得克萨斯州克维尔的老家。说来也巧，尼米兹将军同父异母的妹妹多拉也正好在那里。当多拉得知麦凯莱布也在珍珠港驱逐舰上时，就好奇地问："麦凯莱布先生，你觉得切斯特怎么样？他还好吧？""噢，伯母，我并没有见过上将先生。"麦凯莱布非常惊讶，他是第一次听到有人直呼总司令的名字，也对这个问题感到意外，因为他只是一个士官，与四星上将见面对他来说太不可思议了。

"哎呀！"多拉快人快语，爽快地说，"你在太平洋那里工作了一年多，还没见到切斯特！太可怕了！你回到舰上的时候，去看看他。我写信告诉他让他接待你。"麦凯莱布休假结束回到珍珠港后，按照多拉的吩咐及时给太平洋舰队总司令写了一封信。他把这件事做了详细的汇报。

几天之后，麦凯莱布收到了复信，信中说尼米兹将军愿意见他。"肖"号的副舰长把这件事当做整个舰艇的殊荣，特地借来了一部小车送麦凯莱布。当麦凯莱布走过舷梯的时候，舰上的伙伴自发地在舷侧列队欢送他。到太平洋舰队司令部后，麦凯莱布马上受到了尼米兹将军的接见。

3. 严谨管制

尼米兹将军是个非常严谨的人，他不但严格遵守时间，而且严格执行各种规章制度，不容有失。

有一次，尼米兹将军照例检视巡逻。他穿着全套军礼服，乘坐那辆挂着四星将旗、由专职司机开的"别克"轿车来到檀香山巴拉塔尼亚街。可让尼米兹吃惊的是，他在路上碰到的那么多水兵，竟然没有一个人向他敬礼。这种没有规矩的做法使尼米兹很恼火。他回到舰艇上后，马上找来了那个管区的戈姆利将军。

尼米兹在讲述了这种情况后，建议戈姆利派军官进城，把所有不遵守规制的士兵统统拉回来，没收他们的外出证，让他们归队。这种惩罚虽然只是减少了几天外出时间，处分并不算严重，但却收到了出奇好的效果。从那以后，尼米兹将军命令用大轿车把水兵拉出檀香山的事传遍了各地，大家规规矩矩地恢复了敬礼的习惯。

那件事过后不久，尼米兹从檀香山赴宴归来，看见一个喝醉酒的水兵站在路旁招手想要搭车。尼米兹随即叫司机停车，并让坐在后排的勤务兵把那个水兵叫上车来。水兵感激地爬进了汽车。由于当时已经入夜，所有建筑物都已经灯火管制，路上又没灯，那个水兵完全不知道坐在谁的车上，还和将军攀谈起来。

聊天当中尼米兹得知他是海军营建大队队员。说是聊天，其实是尼米兹在听水兵发泄他对军队生活的满腹牢骚。那个水兵说他们那里营房肮脏，管理不善，伙食很差。而大队长全靠严格的纪律管理部队，丝毫不懂得关心士兵的生活。到了他的营房门口附近，他摇摇晃晃地下了车，根本没有意识到是向谁报告了情况。

第二天一早，尼米兹作出临时决定，说要在上午11点去海军营建大队视察，并叮嘱拉马尔不要预先通知，等到时间差不多的时候再通知大队长。于是，拉马尔在10点的时候才打电话通知了那里的负责军官。尼米兹并没有给他们准备的时间，准时到达了海军营建大队。经过视察，他发现那里的情况同那个喝醉酒的水兵谈的非常相似：肮脏、混乱、伙食很差，士兵们精神不振，不满情绪高涨。

尼米兹当即叫来了大队长，表示他很不满意，要给他适当的纪律处分。

尼米兹将军的严谨还表现在他对参谋班子的挑选上。他喜欢使用勤勉又精干的参谋班子。因此，太平洋舰队司令部参谋人员每周除了7天工作日外，有时还需要加班。不仅如此，他还要求参谋人员必要时要能夜以继日地工作。

尼米兹刻苦的精神能和他的参谋人员中的任何一个人相比，他这种精神对周围的人是一种很好的激励。但他从来不让自己陷到琐碎的工作中去。别人干得了的事他就绝对不插手。通常，他只把精力用在一个总司令应该承担的有关决策、礼仪和社交的活动上。在他手下工作的人，往往能够有更多的机会锻炼自己，因为他通常会委派一些他信得过的部属，代表他去执行任务。

更加难得的是，尼米兹将军对年轻人的态度非常让人尊崇。他认为，年轻人是需要点压力的，适当给他们施加点压力，他们才有可能做出更好的成绩。因此，他常常对那些在他看来很有才干的人说："年轻人，你要是完不成任务，我就撤你的职。"

4. 幽默谦虚

在尼米兹坚持不懈的努力之下，他的事业蒸蒸日上。他不断地从一个岗位转到另一个岗位；就任地点也从一艘舰艇转到另一艘舰艇；由一个基地去往另一个基地。之所以这样，是因为他所到之处总是能够做出惊人的业绩。因此，他每逢奔赴新的岗位时，对过去的岁月总是充满依依不舍之情。

在他做潜艇支队司令时，尼米兹收到了威廉·普·弗朗的一封信，这个人是他在海军军官学校时的同学。在信中，威廉·普·弗朗说明了写信缘由，并希望尼米兹能寄一些资料来，以便他完成校25周年纪念年刊。尼米兹很快寄去自己的照片和简短材料，并在材料之后附了一封信。

他写道："我热爱分配给我的每一项任务，对于每项工作我都能够投入热情，都能全力以赴和全神贯注。在我倾尽全力的同时，我也尽可能做到深入钻研，并力求在实践中加以应用。我觉得没有比现在更好的状况了，我在海军的生活非常愉快，我想我绝对不会为了任何其他职业而抛弃现在的工作。"

信中，他还谈到了自己幸福的家庭："大女儿凯瑟琳·万斯，16岁，正准备上大学；儿子小切斯特·威廉，15岁，打算在1931年春季进入海军军官学校；二女儿安娜·伊丽莎白，10岁。我的妻子、孩子、我的海军的职业以及我的健康状况使我成为幸福的人。"

尼米兹非常重视社交活动，一有空闲，他就与夫人一起参加各种社交活动，与老朋友叙旧道新，畅谈理想和现状。

有一次，尼米兹夫妇应邀出席海军第十一军区组织的舞会。舞会的主持人是军区司令的妻子汤姆斯·琼斯·森夫人，凯瑟琳常常戏称这位是"将军夫人的典型化身"。因为这是一位虽然富贵貌美，但却冷若冰霜、态度傲慢的贵妇人。

那天晚上，尼米兹和凯瑟琳草草吃完晚饭，很早就为舞会做好了准备。不知出于什么原因，尼米兹穿上了几十年前当海军学员时的礼服，还把礼服上衣上的金镶边拆掉，称之为"具有特殊意义的上校礼服"。这个在别人看来有点不知所谓的举动虽然遭到了女儿小凯瑟琳的嘲笑，但夫妇俩还是迈着绅士的步履走出门去。

谁料，到夜半时分，睡梦中的小凯瑟琳忽然被甲板上铿锵走近的脚步声惊醒。随即，她看到风度翩翩的父母向舰舱走来，母亲一直掩嘴而笑，而父亲则一个箭步穿过饭厅进了卧室。看到小凯瑟琳疑惑的目光，尼米兹夫人兴奋地告诉小凯瑟琳，舞会开始不久，森夫人的长柄眼镜不小心掉在了地上，尼米兹帮忙去捡，却由于弯腰的力度过猛把裤子后面撕破了，所以他不得不靠墙一直站到晚会结束。

第二天早餐时，尼米兹笑着对女儿说："我要给森夫人打个电话，告诉她昨晚我见义勇为的行为破费了我90美元。"这个让尼米兹远离尴尬的幽默融化了不苟言笑的森夫人，她也情不自禁地露出了浅浅的笑容。

熟悉尼米兹的人都知道他酷爱散步，他常常长距离步行去拜望老朋友，然后再乘车返回。百慕大短裤、齐膝的长筒袜、一顶蹩脚毡帽，便是他的典型穿着，虽然这并不是当时的流行。他那得克萨斯式的幽默，常常伴随散步生出许多妙趣横生的轶事。

花和野生的蘑菇素来是尼米兹的爱好，于是散步也就成了他采摘标本的大好机会。每逢经过居民花园，看到开得正艳的鲜花时，尼米兹便会毫不犹豫地闯进人家的草坪。有的时候，即使主人家怒目而视，他也毫不在意。他通常在获得了一些心爱之物后，才回过头，厚着脸皮与主人搭讪。

更让人忍俊不禁的是尼米兹偷吃樱桃的故事。

从小生长在得克萨斯的尼米兹，笃信"偷来的水果最甜"的习俗。因此，他徒步旅行时常常带着的手杖便成了最为便利的摘取果实的工具。而且，他常常毫无顾忌地攀援树枝摘取别人家的水果。每当这个时候，和他一同散步的儿女们都深感难为情。

记得有一次，尼米兹和朋友一起散步，经过一个农家小院时，无意间看到一棵果实累累的樱桃树，树枝恰好露在篱笆外面。这个情景让尼米兹心里痒痒，于是，尼米兹便请朋友等候，自己用手杖拉下一串樱桃。

可是，正当他们在贪婪地品尝时，这家的主妇走了出来，看到他们手中的樱桃后便明白了事情的原委，她非常恼怒，并高声责骂。尼米兹不急不恼地听完这位妇女的怒骂，然后开口夸奖这种水果是好品种，并假装以一个行家的口吻与妇女切磋庭院种植樱桃的妙处。与此同时，他又把她的房舍和场院狠狠地称赞了一番。这位妇女经不住他的甜言蜜语，最终转怒为喜，甚至微笑着请他们进院中再摘些樱桃。这一幕让和尼米兹一起散步的朋友目瞪口呆。

幽默也常常会成为尼米兹解压的工具。他常常会搞出一些儿童式的恶作剧。有一次，尼米兹和朋友一起在公园的一条颇为偏僻的小径上散步。他们在转弯处发现有两个人的模糊脚印。循着脚印的踪迹望去，他们看到路边一部停着的轿车，还能隐隐看到车门上方露出的两个人的头顶。为了不打扰别人，朋友小心翼翼地走开了，而尼米兹却悄悄走过去，猛然把头伸进车里说："今天天气真好，不是吗？"车上那两个正在交谈的人被这声招呼吓了一跳，正疑惑着，尼米兹却若无其事地走开了。

尼米兹将军这种随性挥洒的幽默感让他的亲和力增加了不少，甚至还被不少部下将官成功借用。

5. 知人善任

人尽其才，尽可能地委以重任是尼米兹培训军官的一个原则，而且，他也身体力行做到了这一点。

通常，他分配给部属们的任务要比他们自己认为能够担负的职责更多一些。有的时候，为了充分锻炼新手，尼米兹把上一级军官们行使的职权交给他们，然后再让上一级军官执行更高层的职权。这样的安排是为了做到权力下放，会带来诸多好处。一方面，这样使得他能够集中精力思考有关指挥、行政管理的重大问题而不再纠缠于琐事；另一方面也锻炼了部属们的执行力。尼米兹始终不变的信条是：从不做他认为下级可以完成的事。

尼米兹对下级军官犯的错误并不是动辄大发雷霆，而是经常说：这件事如果我来做，我会这样做……又或是喜欢身体力行耐心做示范，直到对方理解他所做事情的目的。有的时候，尼米兹将军也会突然把某个少尉或中尉叫到指挥塔，然后说：某某，你可以怎么怎么做……他常常通过这种方式了解自己的下属将官们所掌握技能的实际情况。

有一次，奥戴尔·迪·沃斯特少尉开船进港时，一时分神，忘记了减速,结果不得不把船退了回去重新进港。尼米兹在旁边一言不发,直至看完整个过程,船停稳后才说:"沃斯特,你知道你错在什么地方吗?"

"知道,长官。"沃斯特赶紧敬礼,红着脸回答,"我进港太快了。"

"很好。"尼米兹点点头,便没有追究此事。

当然,对于自己的失误和错误,尼米兹也从来不避讳,通常都会指出来让大家共同吸取教训。

还是在"奥古斯塔"号上的时候,"奥古斯塔"号驶向停泊的"佩科斯"号油轮准备加油。就在这时,海上狂风大作,波涛起伏。尼米兹见状,冲进驾驶舱亲自驾船,希望能扭转状况。

不过还算顺利,已经临近"佩科斯"号,水手长已将锚绳掷向油轮。正在这时,大风突然转向,向舰首方向袭来。"奥古斯塔"号高大粗壮的舰首开始向"佩科斯"号驾驶舱的吊架撞去,情况十分危急。尼米兹试图让下属将绳索放开,将舰倒退出去。但是锚已经挂在了"佩科斯"号上。

"怎么办?"尼米兹问一个少尉。

"让我紧紧拉住3号绳。"少尉回答。

"就这么办。"尼米兹马上表示同意。

风向又一次改变,被绳索拉紧的"奥古斯塔"号终于避免了和"佩科斯"号相撞的危险,安全地靠在"佩科斯"号油轮旁边。

尼米兹扭头问:"汤普森,我错在哪里?"

"长官,您过分自信,错误地估计了劲风对漂浮在水上船只的影响。"

"那么，当时应该怎么办呢？"

"保险的做法是像刚才那样，放下右舷锚，并把它放开。"

"很好。"尼米兹拍拍少尉的肩膀，说，"汤普森，永远不要忘记这个教训！"

除此之外，尼米兹还能够充分调动和发挥每个人的特长，当他获知海军军官学校毕业的小赖伊在领航课六分仪学习中成绩优异时，马上发布命令，让他破格升为助理领航员。正因为这样，舰艇上的官员甚至产生了这样的念头：恰当的时候显示自己的特长说不定会有新的机会。

当"奥古斯塔"号抵达青岛时，尼米兹又一次开始整顿舰风。

当日，一位名叫伍利的三级射手被指控了。这是因为他在岸上执行巡逻任务时在一个舞女的房间了待了半天，被军官发现的时候军装只穿了裤子。

由于事情比较严重，尼米兹决定自己处理这件事。

对此，伍利有自己的解释。他说："在巡逻的时候，不小心被街上的广告牌刮破了上衣，我想到执行任务时必须衣着整齐的规定，感到非常难堪。就在这时，一位面熟的年轻妇女路过，她看到我窘迫的样子，便好心说可以帮我缝补军衣，于是，我便跟着她到了房间。"

这个理由让尼米兹不由得乐了，这显然不太可能。但这位水兵也非常机智，竟然能找出这么让人忍俊不禁的借口。后来，尼米兹选择相信这位水兵的理由，仅仅给予口头警告的处分。

还有一件事也在军中流传广泛。陆战队刘易斯·普勒上尉手下的一名士兵被发现在值更时睡觉。尼米兹得知消息后，找来上尉询问情况，想知道上尉对这件事有什么看法。这也是尼米兹常用的方式，他通常都会找直属军官问问情况再下判断。没想到，刘易斯·普勒上尉对这件事非常痛恨，他并没有为自己的士兵说情，而是希望能开除他。因为在上尉看来，陆战队不需要在岗位上睡觉的士兵。

尼米兹有点诧异，因为一般军官都会站在自己下属士兵的一方为其开脱。但他还是同意了普勒的意见，并意识到了这是个律己甚严的上尉军官，他对军队有一种特殊的情感。从此他对普勒刮目相看。果然，普勒在后来的瓜达尔卡纳尔登陆作战中立下大功，一举成名，被称为"骄傲"的海军上校，最后成为了美国历史上最杰出的海军陆战队队员之一。

第五章 渐渐升起的明星

> 这是一个重大的使命，我将全力以赴。
>
> ——尼米兹

1. 临危受命

1941年12月16日，这天对于尼米兹来说是一个非常特殊的日子。尼米兹虽然有点精疲力竭，但更多的是兴奋。这从他踏进家门时那虽然冷峻但坚定中透着激情的眉宇间便可以看出来。他似乎掩藏着一个深不可测而又难以言说的秘密。

尼米兹进门后，看到依然卧病在床的凯瑟琳，便走过去，默默地坐在她的身边温柔地拉起了她的手。接着是好长一段时间的沉默，终于，他问道："还发烧吗？"

然而，细心的妻子并没有理会他的问候，而是关切地反问道："什么事，到底发生了什么事？"

尼米兹激动地脱口而出："我就要成为太平洋舰队新的司令官了。"

"这是你一直梦寐以求的事情，也是你崇高的荣誉。"

"亲爱的，虽然这件事还不能让这里别的人知道，但我不得不告诉你，舰队已经沉入海底了。"

听闻这个消息，小凯瑟琳、南希、玛丽和碰巧也来看望生病的婆婆的儿媳琼一起围拢了过来。尤其是小凯瑟琳和南希，她们兴高采烈地冲着父亲齐声高喊："你要去珍珠港了！"

霎时，有点沉闷的气氛一扫而光，尼米兹夫人笑着大声说："我对你说过，她们会猜到的。"

晚饭是在和谐愉悦的氛围中结束的，随后，尼米兹拿出一本便笺和一支铅笔，在便笺上写道："这是一个重大的使命，我将全力以赴。"

他郑重地把自己写好的便笺传给大家看，希望家人能给点儿意见。大家一致认为这是一个非常不错的主意。当便笺传到小凯瑟琳手中时，她把这一页撕下来留为纪念，说："我相信这就是历史，另写一份吧。"尼米兹第二次写的便签纸被南希据为己有。接着，儿媳琼也获得了一张同样的便笺。这是一个令尼米兹振奋的辉煌时刻，也似乎是历史的必然选择！

几天前，也就是珍珠港事件爆发两天之后，海军部长弗兰克·诺克斯亲临受难的珍珠港视察。海军部各部门人员各就各位，都忙于处理后续的紧急事务。诺克斯也在视察完毕后回到了华盛顿，并及时召开了例行的记者招待会以便稳定人心，接着便赶往富兰克林·罗斯福总统的住宅，与他密谈珍珠港事件的善后处理事宜。

诺克斯就视察结果向罗斯福总统提出三点建议：第一，成立调查委员会，查清珍珠港被偷袭的真正原因；第二，在这次军事失利中，美国海军舰队兼太平洋舰队总司令金梅尔上将有不可推卸的责任，应当解除其职务；第三，美国舰队与地区舰队建制分开，负责整个海军的作战指挥工作。罗斯福完全同意了诺克斯的建议。

12月16日，诺克斯再次造访白宫，就太平洋舰队总司令的人选问题和总统统一了意见。谈话结束后，罗斯福大声对诺克斯说：

"告诉尼米兹,到珍珠港去收拾残局,然后留在那里,直到战争胜利。"

当诺克斯在海军部把总统钦点的任命告诉给连日来已经疲惫不堪的尼米兹时,尼米兹非常吃惊。此事非同小可,这绝对是一个严峻的挑战。当然从表面上看来,这也许将是一个象征性的荣誉,但实则是将别人也许不敢或无法承担的重担交给了他。美军在太平洋战争爆发中的第一发炮弹彻底失败了,正处于险恶的逆境之中,谁都无法保证未来的前景如何。

罗斯福总统曾经在一年前慧眼识珠,想破格提拔尼米兹成为美国海军舰队的总司令(这足以显示总统对他的器重,也才有了这次的任命)。然而,尼米兹出于对自身发展的考虑,认为自己的资历和威望还不足以接受这一重任,婉言谢绝了任命。而这次,面对同样的情形,面对比他资格更老的诸位将军,他的选择是出于什么考虑呢?

第一,军令如山倒,尤其是在这种军情如火的时候,他没有推诿拒绝的可能,也不被允许有。而且,任何一个有责任感的军人都会在危急时候挺身而出。

第二,在此大难当头、战火四起的关头,尼米兹必须以一个军人的姿态审视这件事,应该置一切个人的荣辱得失于不顾,并排除任何困难和干扰,争取在危急关头竭尽所能。因为他所做的一切工作、接受的一切训练以及付出的所有代价都正是为了这一刻的需要,要承担起保卫国家的义务。

无论对尼米兹来说,还是对整个美国海军而言,这次的任命都是史无前例的,尤其是被解除职务的将军还是他的一个老朋友。

然而，在此特殊时刻，他只有放弃一切犹豫与顾虑。1941年12月17日，切斯特·尼米兹接受了太平洋舰队总司令的任命，同时升为四星海军上将。

2. 选择背后

尼米兹越过了珍珠港事件中的28名高级军官，被载入了史册。为什么罗斯福总统会撇开这些经验丰富的高级将领将目光定格在他的身上？

罗斯福和海军部长诺克斯的内心想法也许已经无从得知了，但有一点是肯定的，他们作出了一项英明而正确的决定，尼米兹正好拥有他们期望的领导品质。

切斯特·尼米兹是个温和而又坚定的人，他具有一些值得推崇的品质。如富于人情味，爱自己的亲人，关心朋友，而且对祖国有一种神圣的崇敬感。他始终了解人的尊严和价值以及生命力的可贵，那常常蕴涵在笑容里的幽默、乐观情绪便是佐证。

尼米兹的工作经历非常丰富多彩。他先后在战列舰和巡洋舰上工作过，曾经指挥过潜艇第十四分队，而且是舰艇发动机方面的专家。在海军军事学院时，他曾经潜心钻研战略战术，是海上加油和环形编队方案的倡导者和实施者。无论做什么，尼米兹都能快速适应并找到自己的最佳位置，他在每一任职中都作出了突出的贡献。这一切都证明了他是一位思想活跃、勇于创新、具有先进意识的人，是制定对付新型战争策略的最佳人选。

熟悉尼米兹的人都知道他是个善于交往的人。虽然这是个容易被忽略的优点，但他的确在很早的时候就已经非常注重人际关系的培养了，在他看来，良好的人际关系绝对有益于自己事业的发展。因此，不管是总统还是手下的普通士兵，尼米兹都能和他们和睦相处。他总是善于在与朋友交往的过程中通过仔细地观察了解他们，熟悉他们的能力、弱点和领导才能，进而在工作中做到知人善任。这种能力有助于他更快地适应并担当新的工作，后来的经历也正好证实了这一点。

尼米兹善于处理人际关系的风格打动了海军部长诺克斯，再加上诺克斯发现他还拥有对工作的无比热忱，便推荐他任职总司令。尼米兹自己也总是告诫下属：只有谨慎小心才能避免疏忽大意可能带来的后果，只有宽容大度才能赢得更多朋友。

更加让人觉得难能可贵的是，尼米兹具备一个优秀指挥员的内在素质，他具有能够在不利条件下保持镇定自若，并尽可能地挽回颓势的优异能力。参谋班子的军官比尔·尤因曾回忆说：“当我第一次见到尼米兹时，他站在珍珠港机关大楼的第二层。他满头白发、神态祥和，看起来不怎么像竭尽全力把国家从前所未有的困境中拉出来的领导者，而像一个退休的银行家。但当他必须当机立断的时候，他的眼睛就会在突发的激愤和毅然的决心下发出光芒。"

生活中的尼米兹还是一个善于调节紧张气氛的人，他会建议大家一起去打网球或者散步，让大家首先冷静下来，借机来缓和作战室的紧张空气。而且，尼米兹那种富于感染力和令人振奋的幽默感在整个战争的艰难岁月中也能派上大用场。他的笑话、幽默故事和俏皮话常常使漫长而孤寂的海上航行变得轻松愉快,也能起到激励在险恶环境中迎接考验的官兵们的斗志的作用。

他厌倦不管是出于何种理由的激烈争吵,因此,在各种场合他都愿意成为这种争吵的缓冲剂和调节剂。每当一些人在会议上固执己见时,尼米兹总是能够平静耐心地等待一个合适的时机,然后插入几句毫不相干的话或是有点搞笑的故事将紧张的情绪化解在笑声中。因为他深知在丧失理智之下的相互攻击是人类最要不得的恶习,也许这些相互谩骂有时并不是为了坚持什么或捍卫什么,而只是出于好斗的本能。这一切都说明他说服人的方式更为巧妙、更为有效。

因此,无论走到哪里,尼米兹都是受人欢迎和受人爱戴的。虽然有的时候,平易近人的他少了些将军的派头,但这丝毫无损于他的威望,反而更加赢得了人们的好感。不仅如此,尼米兹所具有的一些独特爱好和个性也为这个优秀指挥员增添了不少风采和魅力。

首先,大家眼里的尼米兹是一个不知疲倦、精力充沛的人。这也许得益于他对散步的爱好和持之以恒的长途步行锻炼。

尼米兹睡眠很少,他从小就不是一个嗜睡的人。对他而言,有许多比睡眠更重要的事情。他一般会在晚上10点或11点就寝,凌晨3点起床,读书学习2个小时后,5点左右再睡约1个小时。这样,不仅能够学习,而且能为白天的工作做好充分准备。同行的参谋官总是非常诧异,尼米兹将军很少有打瞌睡的时候,曾经开玩笑问过他有什么秘诀。他的身体内似乎蕴藏着难以枯竭的能量,而这种能量便是他对付生活中各种严峻困难的源泉。

尼米兹兴趣爱好非常广泛,这也使他获益匪浅。除了小型体育运动之外，他还喜欢园艺活动，那些在办公室周围和家中种植的大量花草便是最佳证明。他在沿海地区居住时，曾把椰子壳挖空，并在里面种植上喜欢的花卉。这一爱好还曾经使他成为孩子们眼中"奇特的父亲"。

尼米兹还喜欢打牌，许多海上生活的业余时光就是和牌局一起度过的。在打牌的时候，他总是能够略施巧计以达到取胜的目的，而他也爱上了蕴涵在这种游戏中的趣味性和灵活性。因为这种游戏既使他的身体得到休息，又使他的脑子变得更加灵活。甚至有人发现，他在所有活动中取得胜利的办法与他打牌的本领有极大的关联。

对于音乐，他尤其推崇交响乐。他认为交响乐不仅能够展现人生壮阔丰富的内涵，而且，那种复杂的配器和人员的组织搭配在指挥家的协调下达到和谐的状态是最为奇妙的。尼米兹在谈到交响乐的时候，曾经这么说，他说，他能够从中感受到，交响乐与随着战争的演进和兵力的扩充，三军之间协调一致的那种异曲同工之处。

无论是什么爱好、什么运动、什么个性，在尼米兹身上的体现，都好像是冥冥之中在为海军事业服务，因为他总是能从这些或是思维或是体力的运作中找到与职业的相通之处。由此可见，尼米兹是一个自愿献身于海军事业的人，他对将海军作为终身事业的意愿非常强烈。海军力量的壮大和蓬勃发展是他人生的最高追求。

然而，尼米兹赢得的赞誉远远不及他所做出的功绩。因为他极少吸引那些追光逐电的报社记者，这也是极为少见的那种与生俱来的高贵、谦恭的品质。他能够在各种场合下明智地表达自己，用简朴如常的作风赢得了同事们的由衷钦佩。

最终，他成为了一个充满力量的人物，以他独有的作风和威望经受住了战争的严峻考验，从胜利走向胜利，成为人们心中的永恒。

3. 告别家人

在接任太平洋舰队司令一职后，尼米兹马不停蹄地出席了一系列军事会议。用他自己的话来说，他像一只上紧发条的钟表在一个没有尽头的圈中循环转动，虽然疲倦至极但却不能停下。因此，当接到通知说他即将乘飞机飞往珍珠港时，他稍微考虑了一下，虽然觉得有点难为情，但还是说出了自己的想法。他说："部长先生，我太累了，不想仓促乘飞机出发。能不能安排一列火车去西海岸？以便我能在途中补充睡眠、恢复体力。"

上级考虑到实际情况，批准了他的请求。于是，尼米兹决定在12月19日下午搭乘国会的特别列车离开华盛顿。

这是一次与众不同的离别。尼米兹和家人都深知由于战争的艰巨性和特殊性，这次分别的岁月可能会变得很久，几个月，也许会是几年，或者可以说这次离别带有一种浓重的生离死别的色彩。尼米兹的家庭观念很重，在他心里，家始终是一个温馨舒适、难以替代的休息港湾，而且，他常常也会为自己美满的家庭而感到满足和自豪。正因为如此，此次离别就不仅仅是可以用悲伤来形容的了。副官拉马尔了解将军的这种心思，悄悄地躲开了，特意给他们一家人留下了叙别的空间。

但这一切对这个海军家庭来说已经习以为常了，尼米兹夫人和孩子们出乎意料地从容，并没有落泪，他们都非常镇定，并互相祝福对方要好好生活。

直到这件事过去很久之后，尼米兹夫人还回忆说："我那次没有哭，因为我从小就受到了'哭并不能解决问题'的教育，我清楚地知道，那是我生命中必须经历的，不能抱怨，只能和之前的很多次离别一样，虽然伤感但也有一种难言的幸福感。"

和家人话别以后，尼米兹和拉马尔身着便装，避开人群的注意搭上了火车。而且，在之后的旅程中，尼米兹和拉马尔分别使用了"弗里曼先生"和"温赖特"的假名。

旅途中相对比较空闲，尼米兹重新开始了写家信的习惯。与家人离别一周，他在火车上写信给孩子们："现在我们正在穿过可爱的时隐时现的乡村、美丽的农场、广阔的原野和一望无际的大地，从伊利诺依州的西部向西行进。"

当列车驶过新墨西哥州时，尼米兹在给凯瑟琳的信里写道："一觉醒来，心旷神怡。但报告的实际情况难以令人振奋，或许还须涉过种种难关，才能打开局面。昨晚报纸上公布了金出任美国舰队总司令，英格索尔任大西洋舰队司令的消息。人事变动极大，我深信，在未来漫长的岁月中，太平洋地区的战斗将比其他地方更多。"

到了洛杉矶，尼米兹和拉马尔分手。拉马尔上尉返回华盛顿，尼米兹将军则去圣迭戈。

12月22日傍晚，"弗里曼先生"终于安全抵达圣迭戈。早已等待在那里的罗伯特·安德森上校将尼米兹送到海军第八军区航空站欧内斯特·冈瑟海军少将的家中。当时，千疮百孔、百废待兴的军港正在等候尼米兹的到来。大家都在盼望着，希望即将到来的海上骑士能够聚合起强有力的打击力量，成为太平洋水域上真正强悍的骑士与侵略者进行殊死决战。

但可惜的是，前来迎接的水上飞机"卡塔利纳"号未能按时起飞，直到第二日凌晨，风势减弱，才得以升上天空，此时正是12月24日，圣诞节的前夜。尼米兹将军正是在这个举国欢庆的特殊日子里，由辽阔的水面升上天空，降临到反击敌寇的前线。

临飞前，尼米兹将军又写了一封信给夫人："但愿我能够实现你、总统和部长对我的最大期望，我将尽力而为。令人遗憾的是，由于飞机误期，我不能先于罗伯茨视察组到达珍珠港了。"

4. 筹建珍珠港

利用第一次世界大战的报废物资在珍珠港修建一个潜艇基地，这是尼米兹接到的命令。然而，对年仅35岁的少校军官来说，这个命令并非等闲，犹如千斤重担。

尼米兹接受任务时仅仅带着珍珠港地区的一张小地图，协助他的也只有4名海军军士长。但就这样开始工作的尼米兹并没有沮丧，而是像以前一样积极认真。这些军士长也像其他在尼米兹手下工作过的人一样，很快就认可了尼米兹的领导能力和指挥能力，对他产生了信任，跟着他恪尽职守地工作。

尽管尼米兹是罗斯福总统认可的舰队总司令，但他的工作仍受到各地司令官和指挥官有意无意的刁难。当时，基地只有一个金工车间和一个完整的铸工车间，物资则由东海岸的4个船厂提供。而这些指挥官却声称，他们的剩余物资无论现在或将来都要派上用场，并没有积极配合尼米兹的工作。

面对这一切，尼米兹并没有灰心，而是耐心地以理服人，成功地打开了局面。他并没有多费口舌和那些顽固的司令官陈述利弊，因为时间非常紧迫。于是，尼米兹将军和认可他的军士一起为筹建默默地开始了准备工作。他们通过当地的一些军士长和二级准尉军官，弄到了非常急需的物资。当然过程是艰难的，这些物资有的是在夜间用卡车拉走的，有的运用了掩人耳目的手法巧妙地躲过了不配合的司令官的耳目。

人员和装备陆续运来。尼米兹曾经暂住过的"芝加哥"号被改成了单身军官的宿舍。士兵则住在由欧洲拆运来的战时军用宿舍里。一切开始慢慢就绪，尼米兹的家人也来了，他们在曼诺亚谷租到了一所老式的大房子。

军士长们在收集物资的时候，未向尼米兹请示，就悄悄地从一个基地司令办公室的外面，"偷"了一辆海军汽车装在船上运来。当尼米兹看到那辆打算给自己当交通工具的汽车运到珍珠港后，大吃一惊，要他们坦白交代。在了解了事实真相之后，他私下批评了这些过于热心的为他着想的属下，但并没有向上级报告。因为他也觉得属下们的考虑有一定的道理，自己的确需要一部交通工具。

1943年9月6日，珍珠港联合参谋部在尼米兹的郑重宣布下成立，下设计划、情报、作战和后勤4个处。

在尼米兹的指挥下新成立的情报处在太平洋舰队司令部大楼北面的一幢大楼里，同金将军指示建立的太平洋海区联合情报中心密切配合工作。这个情报中心的长官是留任的情报官莱顿中校。由于战争失利，情报中心也有过错，因此莱顿曾经要求调到部队工作，但尼米兹没有同意。尼米兹对他说："你在办公室里的工作，比去当巡洋舰支队司令歼灭的敌人还要多。"

担负收听敌人海军无线电信息的无线电分队设在联合情报中心隔壁的大楼里。在这里，破译专家会对敌人的电讯进行分析、破译，并翻译。当时，战斗已经进行了一段时间，他们对日军的呼号和密码变化规律已经有了一定的了解，经常变化的新加乱码组也已经能应付自如了。不仅如此，他们还破译了包括日本海军运输调度官用的新密码系统。为此，美军很快就掌握了日本运输队的航行路线，并顺便确定了其预定的停泊位置。

这种非常重要的情报会直接通过保密线路发到太平洋舰队潜艇部队司令的作战官那里，再由他把有关部分转发给各潜艇，这样的话，攻击和击沉敌舰的机会大为增加。然而，在破获敌人情报方面取得进展的同时，又有令人头疼的新问题出现。

舰队潜艇使用的"马克—6"型鱼雷雷管在设计之初是打算通过直接撞击引爆，或把鱼雷发射到敌舰底下或附近时，通过磁性撞击引爆。但不幸的是，鱼雷在模拟训练中被发射到指定位置时，雷管并没有爆炸。曾在澳大利亚工作过的洛克伍德将军发现了一些问题，他的研究证实在水下发射鱼雷比标尺上的定深要深11英尺，因此，他认为这个缺陷是可以通过研究改良的。

尼米兹将军非常支持洛克伍德研究鱼雷的问题。他认为，只要消除鱼雷的缺陷，美国就有赢得太平洋战争的绝对实力。但洛克伍德最初向军械局提的意见都没起什么作用。军械局在焦躁之下反而把鱼雷失效的责任，归咎于通过潜望镜为驾驶和发射鱼雷提供数据的潜艇艇长。

各式各样扑面而来的错怪是对指挥系统的致命打击。一时之间，艇上水兵对艇长失去信任，而有的艇长也开始将错误归咎在自己身上，变得失去自信，心灰意冷，甚至要求调动工作。但是，洛克伍德并没有因此而退缩，他确信问题出在"马克—6"型雷管上。他和与他持相同观点的太平洋舰队司令部射击检查官汤姆·希尔上校一起向尼米兹汇报此事，希望得到司令官的支持。

尼米兹很认真地听完汇报，便指示洛克伍德将军通知部队把雷管上的磁爆装置拆掉，让潜艇直接射击目标以取得爆炸效果。然而，尼米兹的指示并没有出现更好的效果，反而使哑弹的数目急剧增加。这样的结果使艇长们更加灰心丧气，要求调动工作的人有增无减，军械局也更加有了怪罪的理由。

后来，尼米兹指示洛克伍德带领一些人对着海边垂直的悬岩发射了3枚鱼雷，其中有2枚爆炸，1枚是哑弹。他们把哑弹捞起来并带回做仔细的检查和测试，终于找到了哑弹的原因。这是因为，在正常情况下，鱼雷命中目标时，弹簧弹出的撞针穿过前面的导轨打击雷帽而引爆。但当鱼雷垂直命中目标时，惯性却使撞针被导轨卡住打不到雷帽，成了哑弹。找到原因后，这个问题通过减轻撞针的重量或减少撞针与导轨的摩擦，终于被顺利解决了。

第六章 战略家与战术家

> 我在战时及平时取得的战略和战术上的成就，应归功于海军军事学院。
>
> ——尼米兹

1. 重回军事学院

　　海军军事学院在尼米兹心中一直都占据着无可替代的位置。但实际上，他对学院的贡献反而比学院对他的栽培更加厚重。因为他一直是海军理论的研究者，并总是能第一时间将理论付诸实践。当尼米兹刚刚成为海军上尉的时候，他曾受到母校的邀约为军事学院讲授有关潜艇理论的课程。那时，尼米兹非常兴奋，做足了准备。

　　1912年6月20日，他在新港的海军军事学院作了题为"潜水艇的防御和进攻技术"的讲座。同年12月，讲稿的非保密部分在《海军学会文件汇编》上发表，赢得了海军将士的广泛关注和赞誉。也就是从那时候起，尼米兹开始试着将丰富的航海实践上升到理论的高度，以便留下宝贵的材料资源，也为他日后的教学工作打下了坚实的基础。

　　不过，他在当日并没有预见到潜艇的巨大作用，仅仅认为潜艇是保卫港口和海岸舰队的辅助力量。这种想法和当时多数海军军官所认为的一样。直到德国潜艇在战争中摧毁了美国非武装的商船队之后，尼米兹才如梦方醒，意识到潜艇的强大的杀伤力，尤其是可以用在阻遏重要的后勤运输线路方面。

十年光阴一闪而逝，已是海军中校的尼米兹又重返军事学院，汲取丰富的理论知识养分，力求在新的高度回溯和分析海军战略战术的发展演化。他想象着在蓝色的海洋图上排兵布阵，探讨应付未来战争的良方妙策。

同时，尼米兹的家庭也在随着他际遇的不断变化而东迁西移。由于尼米兹重回军事学院，凯瑟琳也带着3个孩子和一只小哈巴狗波利，乘坐"阿贡尼"号运输舰，一路从檀香山颠簸搬到新港。

凯瑟琳永远都不会忘记在新港度过的冬天。当时，由于罢工影响，煤量供应不足。尼米兹一家在咳嗽声和劣质煤的烟尘中度过了那个冬天，其中的艰辛和彻骨的寒冷总是令尼米兹一家记忆犹新。后来，尼米兹夫人和孩子们每每回忆起在"那所鬼房子"里度过的日子，都会感到不寒而栗。

然而，在尼米兹的记忆中，新港的那段时光却是非常令人难忘的。他把大部分时间和精力都花在了学习和研究上。白天听课、参加军事演习，有的时候也会把自己关在书房里写论文；晚上，尼米兹往往会广泛涉猎有关战略战术的著作、战争史、海军史和名人传记。他一直认为，在新港的经历比其他任何经历都重要，也正是那段时间的学习和研究为他后来在战时担负指挥工作奠定了基础。

正因为这样，他在大约40年以后，给海军军事学院院长查尔斯·洛·梅尔森海军中将的一封信中还详细描绘了当时的学习情况。他说：

"我们一直以日本为演习的假想敌，所上的课程内容非常全面，因而在二战开始以后，对于在太平洋海域发生的事件并没有始料不及之感，也不是毫无准备。当时要求每个学生都制订横跨太平洋作战的后勤供应方案,我们确实对此问题给予了足够的重视。我在战时及平时取得的战略和战术上的成就,应归功于海军军事学院。"

事实证明,尼米兹在军事学院所接受的教育很重要,它的目标明确、切合实际,使他在专业领域能够高屋建瓴、重点突出,同时大大提高和开拓了一个高级指挥官必备的预见能力及广阔视野。他对太平洋的地理、战略和后勤供应问题的思考,使得战争爆发后迅速实施各种有效的方案成为可能。后来,甚至有人开玩笑说,尼米兹在海军学院的废寝忘食、扎实积累是因为已经预见到将来会发生的太平洋海战,并打算在其中一展雄风。

2. 战略编队方案的研究

"他是一个战略家,运筹帷幄、审时度势;他是一个战术家,具体实施、威望卓著。"这是海军将士们对切斯特·威廉·尼米兹的中肯评价。

也许,尼米兹将军的形象与想象中的那种将军做派有所不同,但是,他那温和谦逊的作风同样赢得了下属的尊敬。认可尼米兹的人都对他的工作给予了高度评价,认为他的工作方法灵活而扎实、合理而切实可行。不仅如此,他还具有超乎常人的韧性和耐力,他所展现出的那种无声动力,能够推动自己和别人勇往直前。

尼米兹初入海军军事学院时,美国海军正处于长期休战状态下的停滞时期，甚至有削弱的倾向。

1921年11月12日，华盛顿限制海军军备会议开幕。就在这次会议上，美国国务卿休斯提出了削减海军军备的建议：停止建造主力舰，并把现有战列舰报废；英、美、日、意、法诸国的海军吨位依次限制在5∶5∶3∶1.7∶1.7的比例之内。同时主张将这种限制比例运用于在海军中崭露头角的航空母舰、巡洋舰、驱逐舰和潜艇上。

按照这个建议，美国准备报废的舰艇有30艘主力舰（其中15艘已建成、15艘正在建造，总吨位达845740吨）。后来，有人在评论这件事时风趣地说，若是加上英、日被吁请报废的舰只，这位国务卿相当于在不到15分钟的时间内，"击沉"了66艘战列舰和巡洋舰。而这个数字非常可观，比全世界的海军上将在几个世纪内击毁的军舰还要多。

美国的很多海军将领都被休斯的大胆动议惊呆了，这件事甚至惊动了各国的外交官。大多数的海军将领都认为这次会议带来的不是好消息，甚至认为影响了美国海军目前的现代化进程，一些新舰种的设计也因此而搁置了。

这次会议以后，国会拨给海军的经费难以维持海上舰队的正常运作。海军军官们都有大把时间在办公室里度过，即使出海，也受到燃料的严格限制。曾有一位历史学家在提到这个事件时举例说，舰上有一个青年军官竟建议夜航时不开夜航灯，连碰撞的危险都可以置之不顾。这种情况也间接导致了一些海军官员另谋他途。

尼米兹却全然不为所动，他摒弃了各种消极因素的干扰，醉心于学术，依然潜心研究海战史中的战斗编队问题。当时，他正饶有兴趣地撰写有关日德兰海战的论文。

日德兰海战发生于1916年，英国皇家海军舰队同德国远洋舰队在北海进行了一场大海战。英德双方舰队各出动百艘以上的舰只，这在以往海战中是绝无仅有的。在这次战斗中，英国皇家海军约翰·杰利科将军舰队的复杂编队及其所带来的指挥上的特殊问题，引起了尼米兹和当时许多有识之士的高度重视。

根据材料，杰利科将军的编队是将战列舰分为6路纵队。战列舰队形的前面是巡洋舰和驱逐舰的纵队，共长达20海里。这个阵式的舰只需要复杂的指挥和一整套完备的信号规定来调动。把战列舰展开变成一路纵队进行战斗，也需要准确掌握好时间和方位。曾有一位军官讲述过当时的队形情况，他说："像那样调动舰只，水兵们过去连做梦都没有想到过。"

虽然这样，英国舰队还是损失严重。因为像这样庞大的配有几个支援梯队的长方形队形，要变成纵队队形相当麻烦，从某种程度上来说造成了战机的延误。美国海军军事学院的众多学者就这件事进行了反复研究，终于找到了处理编队的合理答案。

这个方案的主要设计者是尼米兹在海军军事学院和海军军官学校的同班同学罗斯科·C.麦克福尔海军中校。此方案即是当时赫赫有名的"环形编队方案"，核心内容是把担任护卫任务的巡洋舰和驱逐舰，围绕战列舰摆成向心的若干环形队形。这种摆法便于集中防空火力，并能更加便捷地在一个信号指挥下统一行动，整个队形的前进方向也变得比之前更加容易控制。

尼米兹是这种方案的主要推广者和实施者。他通过精密的讨论研究确认了这种编队的有效性，并开始进行积极的推广说服工作，说服的对象甚至包括自己的上司。幸运的是，尼米兹得到了极为赏识他的罗比森将军的支持。罗比森在尼米兹的解说下很快认可了这种编队方式，他认为，这种队形具有容易变化、机动性强、易于掌握的特点。不仅如此，在为了避免潜艇袭击的情况下，整个舰队可以迅速驶向相反的航向或向一侧机动。

因为按照理论设计，只要与基准舰保持一定的方位和距离，整个舰队就可以一起行动。当舰队展开成一字战斗队形时，只要一艘指定的战列舰带头离开环形编队，巡洋舰和驱逐舰就能向编队的两端机动。之后，环形编队在罗比森将军的支持下开始投入试验，并取得了巨大的收获。

然而，试验中的环形编队却暴露出了其主要缺点，即难以保存编队位置。他们发现，除了在基准舰正前方、后方或横向的舰只外，保持编队队形非常艰难而又需要花费不少时间，这个过程不仅需要经常变换航向，而且还要经常变换航速。而当时并没有雷达等检测仪器的辅助，这样一来，环形编队的阵位在夜间是没有办法保持的。

尼米兹并没有因为暂时的困难而气馁，他开始思考将航空母舰和舰队编在一起的问题。于是，他试着利用"兰利"号航空母舰在环形编队中反复做试验，终于得到了令人满意的结果。后来，尼米兹谈到这件事的时候，说："我认为那时的战术演习，为在第二次世界大战中使用航空母舰的航空兵大队以及以后派生出来的各种特混舰队的航行队形奠定了基础。"

战斗总是能促进战斗技术的发展。日德兰海战期间，相互敌对的舰只有时会在高速行驶中迎头相撞。为了避免这一现象发生，最急需解决的问题是准确侦察和及时报告的能力，以及能够比轻巡洋舰瞭望镜看得更远的设备。为此，英国皇家舰队在战斗研究中得出的结论是：发展能运载飞机的航空母舰便有达到这个目的的可能。

此观点在美国海军高层人士中也引起了广泛震动和激烈争论。一些具有远见的军官预感到，航空母舰将在海上作战中执行更为广泛的任务。威廉·西姆斯海军少将是主张发展航空母舰的重要官员之一，他当时是海军军事学院的院长，曾在学院的图上作业中把航空母舰的兵力计算在内。他认为，航空母舰舰载飞机的攻击半径远远超过战列舰的炮火射程。在未来战争中，配备有航空母舰的舰队将以自己的飞机轰炸和飞机投放鱼雷的方式处于战争的有利地位。

1921年6月21日，空军准将比利·米切尔率7架双引擎轰炸机编队进行轰炸战舰的试验。试验的轰炸目标是日德兰海战中幸存下来的德国老式无畏战舰"奥斯特弗里斯兰德"号。试验时，轰炸机携带了特制的2000磅炸弹，第一枚炸弹在舰旁爆炸，接着是5枚炸弹连续爆炸，被打击的目标战舰先是舰首翘起，然后缓缓地倾覆沉没。

试验也许缺乏现实性，因为战斗中会有许多不确定因素，如目标舰位置不会这么固定，而且也会有防卫能力和攻击能力。但这次试验仍然意义非凡，它使得人们不得不面对一个事实，即航空母舰连同它的舰载飞机不仅是进行侦察的优越工具，而且是进攻战中极具攻击力的攻坚武器。

1921年8月10日，美国建立了第一个航空局，并把根据华盛顿条约准备报废的3.3万吨的战斗巡洋舰"列克星敦"号和"萨拉托加"号改装成航空母舰，并于1927年编入现役。因此，从某种程度上来说，正是前次的试验使得海军生机再现，出现了这次可以说是"变废为宝"的改装。

尼米兹继续进行环形编队试验，并多次呼吁将"兰利"号航空母舰划归战列舰舰队，以使其能更加充分地发挥作用。因为在他看来，水面舰艇和航空母舰的密切配合，才能最大限度地发挥相互保护的作用，防止潜艇和飞机的袭击。

尼米兹的建议书经罗比森签发后送到海军部。但可惜的是，航空局以飞机起飞和着陆的技术问题尚未彻底解决为由拒绝了这一建议。这也确实是当时存在的难题，但尼米兹始终不屈不挠地坚持自己的观点，再加上罗比森将军对此事的竭力支持，"兰利"号终于在1924年11月划归战列舰舰队。

好在当时的情况还比较乐观，事情也正朝着尼米兹期望的方向发展，但为航空母舰配备固定的巡洋舰和驱逐舰做掩护这一点还没有实现。这种情况一直延续到1941年珍珠港被袭。那件事发生以后，航空母舰才作为美军太平洋舰队的主要舰只出现在海上，并有新型的快速战列舰担任护卫。从那以后，几乎所有二战时期参战国的海军都采用了美国式的环形编队。不仅如此，这种编队至今仍为北大西洋公约组织的海军所沿用。

以历史的眼光来看，尼米兹在倡导和推广这项战术上的积极努力带来的革新，如同英国奥利弗·克伦威尔的将军们在英国帆船队中推行纵队编队一样，具有划时代的意义。

3. 执教加利福尼亚大学

1925年10月，罗比森被任命为海军最高作战指挥官——美国舰队总司令。尼米兹则继续留任他的副官、助理参谋长和战术官。一年以后，两人同时被调往陆地工作。

小切斯特认为，父亲担任罗比森将军的副手是得以步步高升的最重要因素之一，而尼米兹则认为，他在加利福尼亚大学的执教经历才更具有决定性的意义。

为了进一步增强国防力量，美国海军部提议，在某些大学中组织学生成立"海军后备军官训练团"。这些人将会在军方的资助下上学，在学校进行训练，寒暑假去部队实习，而且在毕业后会被任命为现役后备军官。该提案得到了国会批准，于是，从1926年7月起，海军部在哈佛大学、西北大学、华盛顿大学、耶鲁大学、乔治亚工学院和加利福尼亚大学相继建立了类似的训练机构。

尼米兹也重返西海岸，去伯克利的加利福尼亚大学组织海军后备军官训练团。因为他是6名被指定的军官之一。

尼米兹虽然是个彻底的正规海军军官论者，但在那种相对紧迫的形势下，他也赞成有一定数量的非正规军官服现役。尽管他并不认为这项任命对他的事业发展有不可或缺的作用，但还是认为在一项新计划中创造佳绩，同样可以引人注目。因此，他激情满怀地赴任，一如既往地努力，希望把工作做好。

事实上，尼米兹之所以被海军部指定为军事教官，正是因为他不仅总是精力充沛、满腔热忱，能给人作出表率，而且具有丰富的实践经验，总是能在所从事的工作领域内取得不同凡响的成绩。当然，此项任命还得益于颇有影响的威廉·D·普利斯顿海军上校的大力举荐。普利斯顿是海军元老，他对尼米兹日益增长的声誉十分关注，并希望他能有进一步的建树。

航海局在委任的同时宣布，所有委派到各大学的军官都将是该校的教员，其中海军科学和战术专业的教授将享受系主任的待遇。这项规定使得一些并未亲临战场、略微自命不凡的教员多少有些嫉妒，并难以接受，尤其是那些头发花白、靠多年执教和著书立说才慢慢爬到副教授、教授位置的人，更是难以认可这帮在他们看来有点乳臭未干的从战场上归来的将士。

尼米兹被分配在加利福尼亚大学伯克利分校领航课中讲授航海天文，毫无例外地，这一计划被学校天文系主任所轻视，他甚至在系主任会议上近乎大发雷霆地说："在这个学校里，除了我选择的人以外，谁也不准在此讲授天文课！"

尼米兹并没有发火，也没有懊恼，只是不紧不慢地回问那位系主任，问他是否愿意为海军军官们讲授必修的天文课。那位系主任无言以对，只是恶狠狠地回瞪了一眼。机灵的尼米兹趁机讨价还价说，如果把天文课交给学校开设，那就要多给他所担任的另一门军事课一些讲课时间。

进入加利福尼亚大学没多久，尼米兹便以其杰出的与人交往的本领和对教育工作的足够热情与兴趣赢得了众多学生甚至同行的认可，逐渐打开了局面。

同时，尼米兹也着手筹建训练团。然而他很担心能否招够学生。因为训练团的学员没有额外补助，但却有非常严苛的学习和实践任务。他们要在完成规定课程之外，加强军事训练和海军专业课的学习，夏季还要参加航海训练，这对学生们来说或许是有点难以接受的。因此，尼米兹在招生广告贴出以后，便身着笔挺的海军军服，心神不安地在校园里打转儿，希望能对学生起到动员作用。但报名结果出乎意料地令人满意，报名人数比规定人数多了20名。

成立海军后备军官训练团是一个大胆的尝试，对加利福尼亚大学而言，他们也需要接纳的时间。为此，尼米兹做了大量耐心细致的说服和宣传工作，并尽可能地在授课的过程中兼顾知识的理论与运用。在尼米兹的努力下，这项计划不仅受到学生们的广泛欢迎，而且也吸引了一部分教职员工。

另一方面，尼米兹丰富的作战经验、诙谐幽默的授课风格和谦虚有礼的待人态度也是这件事成功的主因。尼米兹对待学生平易近人，像师长，又像朋友。他常常与他们一起打手球、网球，还常常与学生们一起共度周末，畅谈理想。

而学生们也不与他们的老师见外，每逢举办舞会，他们都要邀请尼米兹夫妇参加，彼此之间那种融洽的气氛总是让别的教职工羡慕不已。因此，航空系主任鲍德温·伍茨每次因事外出时，总是请尼米兹代课。他说："你能给我的学生讲许多他们应当知道的东西。"

尼米兹在加利福尼亚大学所创造的引人注目的业绩还有另一项，即给学校晋级委员会和教员选拔调查委员会制定了一套新的工作表现及成就的评估标准，这份标准比原来沿用的旧规制更加实用、客观，扭转了过分看重有无出版著述的评估局面。

尼米兹之所以能够取得非凡的成绩，是因为他总是善于发现别人注意不到的问题，并提出解决办法。关于学院对学员的管理方式，尼米兹也有自己的看法。通过对教学过程的仔细推敲，他发现地方学校松散的教学管理并不适合未来海军军官的发展。当时，海军学院提倡学术自由，学生们几乎完全通过自学的方式获取知识，而测试的方式只是一月一次或一学期一次的考试。

这在尼米兹看来是不太合理的,他认为,未来的后备役军官需要更多的知识,军官学院的学生应该比普通大学的学生更用功一些才有可能适应将来的军队生活。因此,他总是会适当地督促和约束学员,并通过灵活的讲授形式调动他们的主动参与精神。

后来,尼米兹针对这种情况对教学形式进行了调整。每节课开始,他会预先测验一下学生们预习的情况。讲授之前,先让学员抽纸签,纸签上写着的是当天课程中的难题,然后让学员根据自己的理解把答案写在考卷上。随后,他一般会用20分钟解答问题,讲课30分钟,并提倡学生在讲课时自由提问,考卷则会在课后作出迅速评分。

罗比森将军对尼米兹的教学探索很感兴趣,对他的教授态度也非常赞赏。1928年,他成为尼米兹的母校——安纳波利斯海军军官学校校长之后,便采用了尼米兹的教学方法。于是,尼米兹的教学方法在他的积极推行下得到了进一步的发展,影响颇为巨大。甚至在二战结束之后,海军军官学校还一直坚持天天测验、天天记分的制度。直到1970年,美海军军官学校才开始重新采纳普通大学的教学法。

而对凯瑟琳和孩子们来说,在陆上工作绝对是一件幸事。尼米兹曾开玩笑地说,他的长期飘泊的家终于可以相对稳定地"抛锚"在一个固定的地点了。当时,南希刚上小学,小切斯特和小凯瑟琳也正是茁壮成长的年龄,在家的父亲便可以常常进行适当的点拨和指引。

尼米兹也正好有机会可以不遗余力地尽到一个父亲的责任。他总是设法激励和增添孩子们的自信心,并引导他们找到自己的兴趣。当然,他更希望看到的是孩子们对他自己的事业感兴趣。一旦儿女们流露出这种爱好，他会大加表扬，然后给予全力支持，透露出急切地希望他们也投身其中的心情。

有一次晚饭后，小凯瑟琳偶尔提到想要了解一下日德兰战争的情况，尼米兹听后非常兴奋。要知道，他曾在军事学院花费了几个月时间精心研究和撰写有关这次战斗的论文，女儿的问题正中下怀。当女儿拿着《大英百科全书》J卷回到餐厅的时候，原本还是剩菜残羹的餐桌上除了盐瓶和胡椒瓶外一切都已收拾妥当。望着小凯瑟琳略带诧异的目光，尼米兹认真地说："你不是要准备有关日德兰战争的材料吗？"

"是的。写半张纸就够了。"尽管女儿这样回答，但是尼米兹已经摆好了大讲特讲的架势。他示意女儿坐下，然后以盐瓶和胡椒瓶为道具，分别象征德国远洋舰队和英国舰队，讲了整整两个小时。从开始到结束，尼米兹将这场战斗的整个过程做了详细的描述和分析。虽然小凯瑟琳的本意并非这样，但还是耐心地听完了父亲的讲述。她后来回忆起来还说自己一生都无法忘记这个故事，而且从那以后非常注意不再在父亲面前提这场战斗。

在加利福尼亚大学的日子里，尼米兹出色地完成了海军后备军官训练团的创建工作，当他将伯克利海军后备军官训练团移交给好友布鲁斯·卡纳格的时候，训练团的学员已发展到150名，而且素质之精良大大出乎好友的意料。

也许，这是一项短期内无法体现成就的教育工作，其中充满了艰辛，但同时也是难忘和有益的。从那以后，尼米兹对教育工作及加利福尼亚大学产生了浓厚的兴趣，并与那里的一些教师和学员长期保持联系。

第七章 战争中的海上骑士

我为你们感到骄傲。我相信，你们将全力以赴彻底打败敌人。

——尼米兹

1. 接管"奥古斯塔"号

1933年夏，海军生涯中的又一次调令降临到了尼米兹身上，他被赋予了一项重要使命——奉命去指挥"奥古斯塔"号重型巡洋舰，并随舰前往上海组成亚洲舰队，"奥古斯塔"号为旗舰。

对于这次任命，尼米兹可谓心情复杂。一方面，他对重返青年时代曾经工作过的西太平洋水域十分兴奋，因为他对在大洋里指挥舰艇历来兴趣浓厚。但另一方面，新的任命将又一次使他的家庭处于分离状态。尼米兹夫妇不得不再一次在以往多次调整安排的基础上再作一次安排。

从某种程度上讲，"奥古斯塔"号是一只具有历史意义的舰船，它的前两任舰长在调离之后都有着辉煌显赫的声名。第一任舰长是后来任美国舰队司令的詹姆斯·欧·理查森；第二任舰长是后来任大西洋舰队总司令的罗亚尔·英格索尔；而即将到任的尼米兹舰长则将是未来的太平洋舰队总司令。

刚接触"奥古斯塔"号的尼米兹发现这艘巡洋舰的情况有点不乐观：人员不整齐、卫生情况很差，更换管道的地方甚至满是黑手印。而面对这种状况的新进官兵也心浮气躁，满腹牢骚。但尼米兹并没有和他们一样悲观，而是打起精神，像往常一样充满了斗志，他决心改变这种现状。

"奥古斯塔"号从西雅图出发,横跨半个地球并于21天后,也就是1933年11月9日凌晨抵达上海黄浦江港。"奥古斯塔"号的主要任务是在中国沿海口岸"炫耀武力",它常常于春秋两季在上海附近游弋,夏季会折返中国的青岛港,冬季则停泊在马尼拉。

这段日子,凯瑟琳和孩子们也待在上海。1934年夏天,尼米兹夫人带两个女儿到日本长崎山区的小镇——云仙避暑。同年秋天,尼米兹夫人返回上海,当时二女儿在上海的美国学校里读书。

尼米兹则摩拳擦掌,开始了对"奥古斯塔"号的改建工作。他毫不留情地把不称职的军官和士兵调走,并精心挑选骨干,组成新的强有力的舰员班子。与此同时,他还拜托朋友们为他物色合适的人才。因为实践经验丰富的他清楚地知道,若是没有齐心合力、精明强干的官兵支持,凭他自己的力量是难以将宏愿化为现实的。

刚开始,尼米兹把人才培养的工作放在了首位。在这个基础上,他又把青年军官水平的提高放在首位,以使舰艇和舰员们能够出类拔萃。尤其是舰上1931年和1932年毕业的6名海军少尉,他更是对他们进行了重点扶植,决心尽快把他们培养成称职的舰只管理人员和具有各种业务能力的军官。

有一天夜晚,J.威尔逊·莱弗顿少尉在甲板上执勤。为了炫耀自己的能力,他让号兵去睡觉,并亲自吹了归营号和熄灯号。说到吹号,莱弗顿少尉可以说是非常拿手的。他在童子军时就是小有名气的号手,还曾经由于被大家举荐,在华盛顿无名军人墓前吹过安息号。他的事迹很快就传到了尼米兹的耳中,尼米兹召见了他,对他说:"你是一个很棒的号手。我告诉你,这里的号兵都没有你吹得好。我给你一个月时间,你要负责把他们训练好。"

从那天开始，莱弗顿少尉不得不每天花费一个小时，召集号手们进行训练。因为声音太吵，训练被安排在舰尾或者机房进行。

已经获得上校军衔的尼米兹没有让上级失望，"奥古斯塔"号在他的指挥下，很快从一艘面目陈旧的军舰变成一艘熠熠生辉的一流旗舰。许多鼓掌叫好的人将此功绩归于尼米兹本人。不过，在尼米兹看来，一个高级官员的能力并不在于事事尽善尽美，而是要善于充分调动下属的积极性和责任感。他正是通过巧妙的层层下达的方式，尽力使每个军官和士兵都相信：他们都能够有卓越的表现，而且，这种努力不是为尼米兹，也不全是为"奥古斯塔"号或者是整个海军，而是为他们自己赢得尊严和荣誉。

"奥古斯塔"号在尼米兹的带领下，各项技术比赛和体育比赛均名列前茅。当时，尼米兹为了在短期内完成两年的射击训练计划，提出了昼夜训练的建议。在历史上，他是当时美国少数几位坚持这种训练方法的舰长之一。而且实践证明，这是一个行之有效的方法。因为"奥古斯塔"号没有辜负上校的期望，赢得了1934年的射击奖杯，还获得巡洋舰系统的"铁人"运动奖以及美英海军橄榄球对抗赛冠军。

当时，战舰上服役的大多数人都以这艘战舰为荣，海军少尉沃特斯还感慨地说："舰上全员在参加每一项比赛中都能夺冠，这绝对是一艘让人引以为傲的战舰，而我们大家都为能在这里服役而感到无比自豪。"中将劳埃德·姆·马斯适在回忆起和尼米兹一起度过的日子时，也流露出自豪之情。他认为，舰上的每个成员，甚至连厨师在内，大家都非常乐观，在工作时发挥出了从来没有过的高水平。

当"奥古斯塔"号停泊在中国港口时，尼米兹便会聘请一些专家、学者和政府阁僚为舰上军官做有关中国问题的演讲。这在当时可谓是深谋远虑而又别出心裁的主意，亚洲舰队其他舰长都没有这种想法和行为。正是这些演讲激发了"奥古斯塔"号舰上官兵对具有几千年文明历史的古老中国的浓厚兴趣。其中一些军官也有了利用假期深入中国内地探访的经历。有的还远到中国北方的哈尔滨，然后经朝鲜坐火车和轮船返回到舰上。

1934年6月，"奥古斯塔"号抵达日本东京港，正好遭遇东乡平八郎海军大将去世。东乡大将是尼米兹所敬佩的为数不多的将军之一，曾在1905年的对马海战中创下显赫战绩。尼米兹也一直无法忘记自己作为海军军官学校的实习学员初访日本时见到东乡的情景。如今的他已是上校军衔的大型巡洋舰舰长，对于东乡大将卓越的才能、谦逊的品质也有了更深层次的感触和体会。

因此，6月5日举行公葬那天，在东京湾停泊的尼米兹特意从"奥古斯塔"号选派一支由身材威猛的水兵和海军陆战队队员组成的精干队伍行进于悼念队列中，以表达自己深切的哀悼之情。

任期很快就结束了。在尼米兹离别之前，"奥古斯塔"号的官兵在上海一家俱乐部专门为他举办送别晚会。这是一场自发的军人式的送别会，虽不盛大，但庄重中透着些许悲壮。大家一起回顾了那些朝夕相处的岁月，并发自内心地赞扬这位即将离任的海军上校。尼米兹多次被这种浓浓的同僚深情感动得热泪盈眶。

离别的时刻很快就到了，尼米兹怀着依依不舍的心情走下舷梯，这时，12名青年军官身着礼服，头戴三角帽，站在一只救生艇旁准备护送他们最敬佩的舰长搭乘"林肯总统"号班轮。尼米兹的内心洋溢着无以言表的情愫，不停地向为他送行的官兵们招手致意。

值得一提的是，尼米兹即使在离开他们之后，仍然不忘关心和帮助他们。而且，他们中有的人几年之后又回到尼米兹身边成为他的部属。大家总是一有机会就到尼米兹家中拜望，向他们最敬仰的尼米兹将军致以最真挚的问候。

2. 珍珠港被袭

一个冬日的黎明，晨雾弥漫，寒气逼人，弥漫着一股惨淡的气息。

这本应该是一个欢庆的时节，因为圣诞节的钟声刚刚响过。但夏威夷海岛却笼罩在与节日极不相称的沉寂之中。在这片被炮火摧毁的瓦砾上，没有人人传唱的圣诞夜的欢快歌曲飘来，有的只是悲惨凄凉的味道。

一架黑漆色的水上飞机从低低的雨云中俯冲而下，降落在珍珠港满是油污的海面上，缓缓滑行一段之后，停了下来。从飞机上下来的尼米兹环视了一下海面，表情凝重，似乎在思量着什么。就在这时，一艘捕鲸船驶近飞机，载着他向目的地驶去。不错，这天是新任太平洋舰队司令尼米兹就任的日子。

一周之前，尼米兹已看过了与珍珠港遭受袭击相关的详细报告，但现在映入眼帘的景象还是令他十分震惊。"亚利桑那"号船身已经沉没，只剩下三根桅杆斜插在海面上；"俄克拉荷马"号被翻了个底朝天，看上去如同一条摇摇摆摆冲向海滩的巨鲸……舰船四周还漂浮着水兵、陆战队员肿胀的尸体，旁边是一些正缓慢进行着打捞工作的小船。"真是惨不忍睹！"刚下船的尼米兹不禁自言自语。

尼米兹身穿深蓝色的便装独自伫立在弹痕累累的海岸边，怀着莫名的沉重心情，凝望着时不时有波浪翻卷的海面。现在，他需要足够的属于自己的时间来思考和判断，并仔细计划未来的每一步骤。

摆在眼前的一切对于56岁的尼米兹将军而言，是令人惊愕的严峻，形式的严峻性让尼米兹明白：这绝对是个挑战。因为他需要在不稳定的战争中尽可能快地建立一支士气高昂、具战斗力的舰队，而这一切都需要从零开始。更艰难的是，鼓舞全员的战斗士气，创出良好的战绩，给经历过失败的将士们一个充满希望的开始。

他清楚地知道，几乎所有的美国人都期待他能在最短的时间内创造奇迹；他也充分地意识到，他的决策是否正确几乎决定了大多数生命的存亡。这种从未有过的状况让他有了疑虑和恐惧的感觉，好像是被一种神秘色彩笼罩。

通过仔细的思量，尼米兹很快便明白他现在必须立即做好三件事情：其一，要尽快确立自己的领导风格，把知人善任的领导艺术，以及耐心和宽容的品质熔铸到自己的工作中，并得到将士们的认可；其二，他必须切实进行实地考察，并尽可能多地了解目前的时局和珍珠港的现状；其三，也是最重要的一点，他必须把美国太平洋舰队重建成举世无双的无敌舰队，以便在太平洋战争中发挥不可或缺的决定作用。

尼米兹沿着海岸线缓缓而行，顾不上涌上海岸的细碎浪花不时冲洗着他的脚面，只是沉浸在自己的思绪中。他深知，对于海洋而言，风暴总是难以避免的。可这还不是最糟的，他更加担心的是，风暴出现在自己的陆军或海军内部，或者存在于现有的参谋人员和新的指挥官之间。一刹那，他想到了部分将官的刚愎自用和固执己见，便有点担忧在会议室椭圆形的桌旁，会因为某个战略问题的分歧，与之发生争执。

这恐怕是不可避免的，尼米兹心知肚明。忽然，他想起了家乡得克萨斯州的一句谚语：人总要心胸开阔，否则你将一蹶不振。是的，现在最重要的是改变珍珠港的惨淡状况。何况，也不是只有坏消息。在奔赴珍珠港的途中，他已经接到通知，知道自己敬重的老朋友欧内斯特·吉·金将军已经被任命为新成立的美国舰队总司令和海军作战部部长。这消息多少给他带来了一丝安慰，使身负重压的尼米兹稍微舒了一口气。

想罢，尼米兹面向辽阔的海洋有力地挥舞了一下手臂，做了一个自信的手势暗暗给自己打气，然后向着迎接他的人群昂首阔步而去。

3. 重组太平洋舰队

派遣来的新舵手到了，几乎所有的驻地将领都到靠近福特岛的港口迎接。站在最前列的是金梅尔和派伊将军，夏威夷的海军航空兵司令帕特里克·贝林格海军少将以及金梅尔的参谋长威廉·史密斯和哈罗德·西·特雷恩上校则站在后面。尼米兹也面带微笑，一边向他们一一伸出手臂，一边说："我叫尼米兹，得克萨斯人。"伸出手臂的尼米兹是想通过礼貌的拥抱缓和一下见面时紧张压抑的气氛，但是没有成功，大家依然一副凝重的神情。

因为当时的形势确实十分严峻，日本在东亚及太平洋地区如同一滴落入水中的墨汁那样迅速地扩大领地，其速度和规模也许连他们自己都感到吃惊。在袭击珍珠港之后的短短几周内，他们侵入了菲律宾，占领了关岛，控制了泰国，新加坡和东印度群岛也危在旦夕。

威克岛危在旦夕，也是尼米兹最为担心的地方。虽然说威克岛仅仅是弹丸之地，但却是美军在关岛和夏威夷之间的海上中转站，战略地位十分重要。尼米兹时刻关注着作战的第一手消息。派伊将军送交的最新电文是这么说的："敌人已上岛，结局未定，我们仍在坚守。圣诞节愉快。"然而，实际情况是，威克岛已经陷落，海上陆战队员奋不顾身的抵抗也已经成为过去时。但此消息一直被官兵们隐瞒至圣诞节之后。

后来，尼米兹才知道，在这个新月形的珊瑚礁岛上进行的战斗极其惨烈。甚至日本海军大臣岛田繁太郎在报告威克岛战况时将其形容为"惊天地泣鬼神"。后来曾有历史学家伊藤正德在他的《日本军血战史》一书中这样描述："在威克岛，日军所受到的损失竟然比在珍珠港还大。不但失去了驱逐舰'疾风'号、'如月'号、巡逻艇第三十二号和三十三号共4艘舰只，而且战死和受伤者不在少数。"

听到这个消息，大家都惊呆了，虽然尼米兹的脸上并没有表现出震惊或者别的什么，但谁都明白威克岛对于美国珍珠港基地的重要性。这次失败意味着美国太平洋舰队的前沿阵地失陷了，一个在中太平洋上的坚固堡垒。这对美军而言，极为不利。尼米兹显露出了些许悲伤和倦意。在前往马卡拉帕住处的车上，他一直缄默不语，似乎在思量着什么。

汽车在一幢舒适美观的房子前停下来，这原本是前任太平洋舰队司令金梅尔将军的住所。尼米兹请求和自己一起前来的派伊留下来共进早餐。他解释说在看到珍珠港遭袭的可怕景象之后，一个人单独吃饭变得有点孤寂。何况现在又添了威克岛失陷的不利消息。派伊答应了尼米兹的请求，他愿意为将军分忧，哪怕是微不足道的事情。

早饭过后，金梅尔将军来了。他的神情有点沮丧，军服上也不再佩戴四颗星，而是变成了两颗。这位前总司令昔日专横傲慢的气势已经荡然无存，哀伤的情绪让他高大的身材也显得有点畏缩。这也难怪，他肯定无法忘记半个多月前那个可怕的凌晨，眼睁睁地看着自己的舰队在突然降临的迅猛轰击下濒于覆灭，这种经历绝对是噩梦。而且他也受了轻伤——一颗半英寸口径的子弹穿透窗户击中了他的胸部，他甚至曾心灰意冷地说："要是子弹把我打死就好了。"

听到这句话的时候，尼米兹非常吃惊，他望着这位曾经叱咤风云的海军同行，知道这个时候任何语言都是苍白无力的。他用力握住金梅尔的手臂，不知道怎么安慰他。过了一会儿，尼米兹直视着金梅尔将军的眼睛，讲了这样几句情真意切的话："我的朋友，这件事可能发生在我们任何人身上。留下来帮助我吧！我现在比任何人都更需要你。"

1941年12月31日，在珍珠港东南边的潜艇基地，"茴鱼"号潜艇上升起了尼米兹特有的蓝底衬四颗白星的海军将旗，这昭示着这位新任总司令即将全权展开工作。

关于参谋班子，尼米兹并没有另起炉灶，而是继续留用上任参谋们。可以说，他的这一大胆举动是出人意料的，但也赢得了将士们的尊敬，深得人心。新上任的司令不仅没有因他们难以预料的过失而责备他们，反而再次起用他们，这是参谋们得到的最大尊重，也使得他们最大限度地恢复了因珍珠港事件而失落的自尊。尼米兹铿锵有力地告诉他们，灾难已经过去，现在最重要的是重振精神，精诚团结，为未来谋发展。

曾经是金梅尔和派伊手下的得力干将们本以为在珍珠港和威克岛连遭重创之后，自己的海上生涯恐怕也将宣告结束。没想到尼米兹三言两语便拨开了他们心头的阴云，并用实际行动使他们重新看到了希望和力量。他们很快便将对老上司的忠诚和尊重转移到了新任上司尼米兹身上。

更难得的是，尼米兹把金梅尔手下的情报官埃德温·T·莱顿少校也留下了，这是大家都没有想到的。莱顿觉得自己因未对日军袭击珍珠港提供预警而对珍珠港遭袭的事件负有很大的责任。尼米兹却似乎不这么认为，并希望他能够继续留在基地。也正是因为这个，莱顿在以后的二次大战期间，自始至终都与尼米兹并肩战斗。大家都相信，尼米兹是那种有能力团结所有人的领导者。

尼米兹对待上司的方式也同样令人钦佩。他与顶头上司金将军的性格迥然不同，就算是一个在华盛顿，一个在珍珠港，但却能够彼此配合默契。

金性格乖戾，有的时候讲话语气尖刻，但尼米兹却能够宽容和理解他。美军史专家塞缪尔·埃利奥特·莫里森对金将军曾有过这样的评价：毫无幽默感，对人严厉无情，在海军中受到的尊敬多于爱戴。尼米兹则不同，他平易近人，和蔼可亲。

为了说明金将军和尼米兹之间的区别，当时有人编了一个非常形象的故事。故事的内容是金将军去了天国，有个海军军官也上了天。圣彼得告诉这个海军军官说："自从金将军来到之后，天国进行了改组，并且处于战备状态。"谁料，海军军官回答说："我并不感到惊讶，因为金将军经常认为他自己就是全能的上帝。"

战时曾和金一起做过事的一位同事这么说："伟人都有自己的弱点，金的弱点在人事方面。"金将军在人事方面的确不怎么擅长，他乱用人的例子有很多。但是在他们身上也会发现一些共同点：天性聪慧、刚正不阿、雷厉风行，都是很适合做战略家和领导者的，对国家和海军事业都是忠贞不二的。而且，可以说金对尼米兹还有知遇之恩。

此时，这位美国舰队总司令面临的严峻问题是太平洋战局的不断恶化。

4. 珍珠港首战告捷

1942年1月初，日军已从马绍尔群岛侵入英属吉尔伯特群岛，并继续向南推进，看上去似乎准备通过埃利斯群岛进逼萨摩亚群岛。美国亚洲舰队被迫继续南撤，经菲律宾退至爪哇海。越来越严峻的形势使美国人忧心忡忡，因为这样的话，日军将有可能从萨摩亚切断美国和澳大利亚之间的海上运输线，从而使盟军不能将澳大利亚作为发动反攻的重要基地。此外，日军也有可能通过中途岛再一次向珍珠港发动攻击。

不幸的消息一个接一个，前线再次传来了令人沮丧的电报：日本海军在爪哇海再次获胜。远在华盛顿的金将军听到这个消息后显得有点焦躁不安，他在尼米兹原有的职权上又加了一个官衔，即太平洋战区总司令，并催促尼米兹尽快采取行动，想办法扭转不利局面。

面对金将军的殷切期望，尼米兹深感责任重大，他心中的沉重压力可想而知。他意识到他必须首战告捷，以恢复太平洋舰队被严重动摇的士气。但是，急躁冒进的做法将有可能带来更大的损失。他的主要任务是非常明确的：一、保障美国大陆、夏威夷、中途岛以及澳大利亚之间的海路安全；二、引诱日军离开东印度群岛；三、制止日军在太平洋的进一步扩张。但如何完成这些任务，却需要万分审慎地思索。

尼米兹接管整个太平洋战区时，发现美国舰队的战列舰和航空母舰的数目均是日本的1／2，无论是数量还是进攻能力都处于下风，形势明显不利于美军。当时的状况，用一位官员的话说，是"美国必须节省每一份力量来应付这场挑战。如果在挑战中稍一失手，整个太平洋以及美国西海岸就会向日军敞开缺口"。

各种各样的压力都向尼米兹涌来。在强大的舆论下，他仍然顶住了各方面的压力，坚持不用有限的战列舰去做无谓的牺牲。而是将航空母舰作为唯一的攻击型武器。他的这种观点在商讨对敌策略时引起了争议。其他将官认为，战列舰的作战效果是人所共知的，并已得到了验证，而航空母舰却并未在真正的战争中经受检验，只是在演习中使用过。何况，与日军这样的凶顽之敌交战，还是采取保守的做法比较好。

但是尼米兹坚持认为，将在太平洋区域发生的战争是一场整体的"全面"战争，天空和海面都要加以保护。因此，必须将航空母舰置于太平洋特混舰队的主要位置,并通过演习将航空母舰与地面部队统一协调起来的作战方案才能有更大的胜算。

当时,尼米兹不仅要应对来自军队内部的反对意见,更要面对强大的舆论干扰。人人都希望尽快看到胜利,这种心情当然可以理解,但是记者们无休止地纠缠让尼米兹烦不胜烦。他从不主持任何记者招待会,不当众演讲,也从未发表任何鼓舞人心的声明。他的这种态度激怒了记者们,于是他们将压力转向海军部。海军部长不得不向尼米兹发去电报,要求尼米兹接受记者们的采访。

尼米兹虽然极为不快,但还是召集所有来访的记者开了一个会。记者们争先恐后地提问,希望了解有关海军动态的第一手资料,这也是美国海军在太平洋连连溃败之后公众关心的焦点。

然而,尼米兹的回答让记者们大失所望。尼米兹告诉他们,到现在为止,海军除了坏消息外别无任何消息。最后,他还补充解释说,如果让日本人从美国报纸上了解到他们的全部实况,那无异于为虎作伥。但如果有适于刊登的消息,他将很快向报界提供,他用三个字结束了他们的对话:要忍耐。

这显然是一种模棱两可的态度,记者们觉得无法交差。他们认为,在当前的局势下,"忍耐"一词似乎是"逃避"的同义语。只有罗斯福总统和少数几位高级官员理解尼米兹的想法,他们认为尼米兹的这种非常独特的耐性与胆怯、逃避是毫不相干的,而是体现出了一种足够驾驭一切的力量。

后来,尼米兹以新闻检查有误为名免除了海军第十四军区新闻检查官的职务,同时作出了答应部分记者随舰采访的妥协,这才平息了记者们引起的舆论风波。

巨大的工作压力、各种嘈杂的声音让尼米兹几乎心力交瘁了,他每时每刻都处在高度紧张的状态之中，睡眠也开始不好，有时几乎整夜整夜失眠，脑海里都是关于战争的是是非非。他作为一个军人，从没惧怕过战争，但战争却是需要成千上万的人付出生命和代价的。从这种意义上来讲，他必须考虑如何减少这种损失，这种意义使得他肩上的担子更重了。

1942年1月2日，参谋部向尼米兹提出作战方案，建议以航空母舰袭击吉尔伯特群岛和马绍尔群岛，这也正是尼米兹授意的攻击敌军基地的方案。但是方案一出台，便引来了激烈争论。多数军官反对派航空母舰袭击敌军陆上基地。他们认为，日本对临近珍珠港的吉尔伯特群岛、马绍尔群岛和威克岛可能遭到航空母舰的袭击早有防范，成功的可能性需要保守估计。

反对呼声最高的要数海军第十四军区司令克劳德·布洛克，他认为太平洋舰队的战列舰已经丧失殆尽，航空母舰是国家最后的机动防御力量，不能有任何闪失，万一失败，日军必将在太平洋为所欲为，事态将会更加无法控制。资历较深的布洛克希望较年轻的尼米兹能够接受自己的看法。

而尼米兹却不同意他的看法，认为自己无须别人指教，完全能够胜任本职工作。尼米兹的支持者赞同其在指挥上提出的创见和方法，认为袭击方案是富有进取精神的。

这时，尼米兹想到了威廉·F.哈尔西海军中将，很想听听他怎么看。

在一个晴天，哈尔西中将如愿来到了珍珠港。他是一个典型的海军军官，眉毛蓬松、皮肤黝黑、身体健壮，动作急躁而鲁莽，目光中不时闪现出对水兵的深情厚意和对敌人的无比痛恨，这是一个爱憎分明的人。哈尔西豪爽的性格很快征服了舰艇上的大部分人，甚至一下子赢得了目中无人的麦克阿瑟将军的喜爱。

哈尔西毫无顾忌地闯进太平洋舰队司令部的会议室，他在会上慷慨陈词，痛骂失败主义情绪，并对尼米兹袭击日军的方案给予强有力的支持。当然，这位中将是航空兵战斗部队的司令，受到全体人员的爱戴和尊敬，他的话是很有分量的。

第二天的凌晨，尼米兹和哈尔西一起在码头上散步。码头上空气清爽，鸥鸟飞翔，令人感到振奋和舒爽，尼米兹好像觉得连日来的压力也有了舒缓的迹象。

尼米兹问同伴："你还记得去年我们在纽约沃尔道夫酒店参加的那次会议吗？"

哈尔西顿了一下，勉强笑了一下说："怎么能忘记呢！现在想来还觉得可笑。"

尼米兹口中的会议是在纽约召开的国际性会议。在那次会议上，那些平时庄严肃穆的高级将领们都抛开了顾虑，尽情吃喝，再也顾不得那华贵的军礼服了，身上甚至都挂着蛋清和水果沙拉，全然忘记了自己平时应有的形象。

当然，哈尔西和尼米兹也不例外。当他们踩着醉步从酒店走出来，站在那儿等门卫找车的时候，一个醉汉走了过来。

"喂，看门的，我需要一部车。"那醉汉冲着哈尔西嚷嚷。哈尔西不甘示弱，挺直身体回敬他："先生，看明白点儿，我可是美国海军的将军。""嗯，很好，那给我一条船吧。"那醉汉的回答让两人哭笑不得。

尼米兹和哈尔西想到这件事，走到码头的尽头，放声大笑起来。

尼米兹握住哈尔西的手，一本正经地告诉哈尔西，他准备调哈尔西的"企业"号编队会同"约克城"号编队掩护陆战队在萨摩亚群岛登陆。哈尔西将统一指挥这两支航空母舰编队,对吉尔伯特群岛和马绍尔群岛发动进攻。讲完他的计划后,尼米兹颇具深意地对哈尔西说:"现在,你有你的'船'了。你觉得这样做怎么样?应该是个难得的好机会。"

哈尔西听完后,点头表示同意,他认为现在大致方案已定,但还需要再好好计划一下。因为他完全清楚这次行动的意义,如果失败,将会给战局造成难以估量的糟糕影响。临行前,他到司令部听取了尼米兹的最后指示。尼米兹与他击掌告别,并一直把他送到交通艇上。

送走哈尔西的尼米兹面对着办公室写字台后面墙上挂着的那一长串地图,看着地图上用彩色铅笔勾画出的那片不平静的辽阔水域,若有所思。他记得自己在回答一位青年记者关于何时结束战争的提问时说:"我无法讲出具体日期,但可以根据这些地图告诉你,当日本人在所有这些海域遭到打击,而且他们的攻击力量遭到摧毁的时候,战争就将结束。"

现在,反击的时刻到了。经过多个不眠之夜的酝酿,全面反击从哈尔西的进攻开始了。尼米兹凝望着地图上哈尔西舰队红色标记所指的方向,心中暗暗为哈尔西的进攻祈祷、打气。

1942年1月11日,由两艘航空母舰("企业"号和"约克城"号)、3艘重巡洋舰、6艘驱逐舰组成的舰队在哈尔西海军中将的率领下从珍珠港出发,秘密地向指定的目标前进。这次战斗的战略目的在于防止日本人切断美国到澳大利亚这条生死攸关的航线,如果这条航线被切断,美洲势必陷入孤立无援的境地,美国舰队也将岌岌可危。

战斗打响的那个早上，美军出动了轰炸机和鱼雷机对目标实施了轮番轰炸。这次空袭可以说是相当成功的，美军以微不足道的代价基本摧毁了日军在这些岛上筹建的战略设施。而另一支由弗莱彻少将指挥的特混舰队也对马绍尔群岛以外一些岛屿以及吉尔伯特群岛进行了攻击，但却收效甚微，美军在暴风雨中损失6架鱼雷机，仅击沉日方一艘小型飞机补给舰。

正午，各路空袭停止，美舰向"企业"号航空母舰靠拢，整个编队按次序在太阳落山时准时返回珍珠港。这次空袭共击毁日军两艘潜艇、一艘轻巡洋舰和一艘轻型航空母舰。

2月4日，美国海军成功袭击马绍尔群岛和吉尔伯特群岛的消息在美国电台广播。正以高速向东追击哈尔西所率编队的日本南云舰队听到广播后，知道日军大势已去，掉头返航了。如果从整个战局的形势来看，这次空袭的战果和影响是比较有限的，但作为珍珠港事件后美方的首次海空反击战，凯旋起到了鼓舞士气的作用，对公众舆论也达到了抚慰的效果。

珍珠港的全体人员以高昂的激情欢迎凯旋的将士们。刹那间，港内汽笛齐鸣，士兵、水手和民工列队在岸上迎接，他们都振臂欢呼，对将士们的爱戴和感激仿佛在那一瞬间喷涌而出。尼米兹也亲临战舰迎接下属们的归来。同时，舆论界也对这次袭击夸赞不已，把哈尔西神化为日本人的克星，给他取名为"哈尔西公牛"。

5. 步履艰难的维系

然而，海军高层领导对这次袭击却抱有冷静的态度，因为他们明白美军对两个群岛的袭击几乎没有给日军在其他地区的进攻态势造成任何能让人欣喜的影响。日军继续把美国和菲律宾部队压到巴丹半岛顶端和科雷吉多尔岛附近，而且对泰国的仰光、新加坡和荷属东印度群岛的进攻也毫无放慢的迹象。据截获的敌报，日军正在计划从拉包尔经所罗门群岛和新赫布里底群岛，攫取横卧在美国——澳大利亚交通线之间的新喀里多尼亚。

战局依然在不断恶化，尼米兹受命用尽一切力量从战略上给西南战区更大支援，包括动用现有的6艘战列舰在内的一切可以动用的部队，采取增援或对托管地实施牵制性进攻的方式。这项命令令尼米兹颇为为难，因为这将使得他手中原本就捉襟见肘的兵力更为分散了。

于是，尼米兹同参谋人员和顾问们进行了认真审慎的磋商，并于2月7日复电给海军作战部长金上将。电话内容如下：

> 太平洋舰队的各类舰只实力弱于敌方，除采取一些打了就跑的战术以外，难以在太平洋发动进攻行动，因而解除西南战区压力的可能性不大。
>
> 由于后勤问题，比如海上加油和气象等原因，用于进攻作战的战列舰无法适应灵活的战略战术。由于缺乏防空和反潜能力，用它们进行独立作战或支援性行动的可能性也不存在。如此部署兵力在目前是不可取的。太平洋舰队一支或数支特混舰队在这个特别防区内继续执行战斗任务，则要依靠澳大利亚和新西兰提供后勤保障。而它们似乎力量有限……除非给这支舰队补充新的力量，特别是飞机、轻型舰只、航空母舰和快速油船队等，否则它的进攻

作战能力是有限的……

从复电内容来看，太平洋舰队参谋部认为金上将关于使用战列舰参加袭击的指示是不切实际的。事实上，舰队中的战列舰是1923年服役的，航速均不超过21节，这么慢的航速是没有办法随同34节的航空母舰作战的。何况，太平洋舰队并没有足够数量的巡洋舰和驱逐舰用来掩护战列舰作战。

2月9日下午，尼米兹收到了金上将以美国舰队总司令的名义发来的复电：

> 鉴于日军正向西南太平洋大举进攻，就敌军在夏威夷作战半径内能够投入战斗的各种舰只而言，太平洋舰队肯定不比日军弱。然而，如果不能继续消灭敌军舰只和基地，敌军在西南太平洋一旦得逞，你们从澳大利亚到阿拉斯加的力量显然将会弱于对方了。你们对托管地的攻击本身就是掩护和保护中途岛和夏威夷一线，同时也就解除了对西南太平洋的压力……请从上述前提分析形势，并考虑从北面和东面对托管地以及威克岛采取积极行动，否则就改变战斗方式。

然而，太平洋舰队参谋部在仔细研究以后一致认为，在太平洋舰队所控制的范围内并没有任何适合攻击的目标可以牵制日军在其他战区的活动，哪怕是通过海上加油扩大攻击范围，也无法找到有把握战胜并达到目的的目标。更糟的是，美军不能运送装备和供应品，即使实施这样的攻击，也具有极大的危险性。

尼米兹决定派人到华盛顿亲自对金上将陈述利弊，以便他能真正明白太平洋舰队面临的态势，并把这个任务交给了曾是金在海军军官学校同学的派伊将军。

不出尼米兹所料，在派伊将军面见之后，金的态度有所转变，但他继续要求太平洋舰队在中太平洋海区对日军海岛据点进行间隔性袭击，同时也建议，为应付敌人的突然袭击，舰只应当保留后备力量。

最后，尼米兹决定把"企业"号编队和"约克城"号编队合在一起，参加对威克岛的袭击。这些攻击可以锻炼队伍，提高士气，不仅满足了金上将的要求，也可以对日军的进攻力量造成有限的冲击。

2月14日，哈尔西率"企业"号及其护航队向目标行进，弗莱彻的"约克城"号编队接着跟进。哈尔西对这次行动并不十分赞同，尽管他并没有提出异议。整个袭击是在无线电静默的情况下进行的，也就是说舰队几乎断绝了与太平洋舰队司令部的联系。这一切都是为了防止敌方了解美舰的动向。而且尼米兹为自己规定了一个严格遵循的指挥原则：司令官受命在外执行已获批准的战斗任务时，可以全权处理一切事宜。

进攻作战终于在24日凌晨打响了。然而，这并不是一个好天气，海上风雨交加，能见度很差，美巡洋舰先于飞机向日军发起攻击。天亮时，美轰炸机才接近威克岛上空，开始实施轰炸。直到3月5日，哈尔西发回一份请求油船援助的电报，电报上有一则简短的附言："部队没有，重复一句，没有遭受损失。"

但参加战斗的军官都认为日军对袭击毫不在乎，连哈尔西本人也承认，只有少数的建筑物被毁、油库起火，袭击收效并不大。显而易见，太平洋舰队并没有在尼米兹统帅下一举成名，他本人也没有登上报纸头条的机会。

与此形成鲜明对照的是，麦克阿瑟被任命为西南太平洋地区盟军最高司令，正风头十足。所幸的是，尼米兹并没有受到上司的冷落，他不久又被任命为太平洋海区总司令，负责指挥该海区的美国和盟国的陆、海、空三军部队，并管辖除中南美洲航线以外的其他太平洋海区。

新的任命到来那天，尼米兹看上去十分平静，他除了对人员进行必要的调整以外，大多数时间都是悄然无声地站在地图前沉思或独自到海岸漫步，好像酝酿着什么举步维艰的行动。

6. 身在珊瑚海

坏消息再次传来，仰光失守，爪哇陷落，包括"休斯敦"号重巡洋舰在内的不少舰只，在逃离爪哇海时被击沉。爪哇陷落以后，日军航空母舰趁机编队进入印度洋，并炮击英国远东舰队和在锡兰（斯里兰卡）岛上的基地。

与此同时，"约克城"号和"列克星敦"号编队正在珊瑚海上巡逻。"约克城"号编队是由布朗指挥的，布朗的舰队在退山袭击拉包尔的战斗之后，转向了新几内亚的尾部。之后，他把"约克城"号编队留在珊瑚海，自己则随同"列克星敦"号编队在3月26日返回了珍珠港。

回到珍珠港后，布朗将自己了解的海上情况向尼米兹作了汇报，他认为若是航空母舰跨过海图很不清晰的海域向坚固设防的敌据点攻击过于冒险。尼米兹也认同了布朗的说法，但金认定布朗是因为指挥部队作战不够积极才没什么战绩。无奈之下，尼米兹将他调离"列克星敦"号编队，并任命他为新成立的两栖作战部队司令，司令部设在圣迭戈。奥布里·W.菲奇少将接替了布朗原来的工作，他虽然年轻，却是海军中富有经验的航空母舰指挥官。

审时度势之后，金和尼米兹一致认为，今后海上的侦察工作将由潜艇和飞机担任，而且取消了侦察部队，废除了战列舰舰队，建立了两栖作战部队和掩护部队取而代之，其中，掩护部队负责保卫和支援两栖作战部队的任务。继布朗将军被任命为两栖作战部队司令之后，派伊将军被任命为掩护部队司令。

由于菲律宾局势紧张，罗斯福总统命令麦克阿瑟将军撤离菲律宾，以避免有经验的高级军官遭到损失。麦克阿瑟于3月11日深夜才不得不丢下他已经被围困的部队，从科雷吉多尔乘一艘鱼雷快艇逃了出来。他到达澳大利亚后随即向外宣布，总统命令自己突围的目的是为了组织美军对日军的反攻，并掷地有声地说："第一步要收复菲律宾。我怎么来的，就一定要怎么回去。"

其实，在麦克阿瑟将军到达澳大利亚之前，划分新战区和任命新指挥官的方案已经出台，并于3月30日以命令形式传达给了尼米兹将军和麦克阿瑟将军。

命令中，麦克阿瑟将军被任命为西南太平洋海区盟军最高司令，负责管辖澳大利亚、所罗门群岛、俾斯麦群岛、新几内亚和菲律宾。尼米兹将军则被任命为太平洋海区总司令，所辖范围是除中南美洲航线以外的其他太平洋海区。这样一来，尼米兹就兼有太平洋舰队总司令和太平洋海区总司令两个职务，负责指挥该海区的美国和盟国的陆、海、空三军部队。

同时，联合参谋部还特别作出指示，太平洋舰队若是由于某种原因需要进入麦克阿瑟管辖的西南太平洋海区，仍归尼米兹指挥。

但是，为了减少麦克阿瑟对太平洋舰队的过分依赖，特别防区的大部分作战部队仍归麦克阿瑟指挥。

当时，太平洋海域分为三个部分，即北纬42度以北划为北太平洋海区，北纬42度至赤道划为中太平洋海区，赤道以南为南太平洋海区。日本和美国都在南部进行作战准备，因此在太平洋海区总司令的属下中还需要一位司令来负责南太平洋海区。于是，派伊将军被尼米兹委以重任，担任了这个海区的司令。

1942年4月仍然是气氛紧张的一个月。情报官莱顿几乎没有什么好消息。9日，他提供的情报是：科雷吉多尔岛仍在美国人的手中。巴丹群岛已经陷入敌手，而且，日本航空母舰编队仍在印度洋活动。还有，日军袭击锡兰的科伦坡基地之后，在海上打沉了两艘英国巡洋舰。莱顿根据种种迹象分析，预测日军将在4月下旬进攻新几内亚东部。

莱顿虽然自认为在珍珠港被袭击之事上应该负很大的责任，但他已经向尼米兹解释了为什么在日军袭击珍珠港之前没有任何相关情报，过错并不在于美国情报人员的工作效率，而是因为日本人非常谨慎。因为日军在袭击的前几个星期，航空母舰部队的电台通信已销声匿迹，所有的舰艇也都保持无线电静默。

尼米兹也感觉到自己过去错怪了夏威夷情报站的工作人员。因此，他从那以后对无线电收到的情报深信不疑。在莱顿提供的几个消息中，尼米兹对日军4月下旬可能进攻新几内亚东部这条消息深感忧心。哈尔西上将正率领以"企业"号为旗舰的第十六特混舰队外出执行任务，即使任务完成后马上转舰，要在月底前赶到新几内亚地区也是不可能的。

这时，陆军航空兵把曾经被太平洋舰队搁置的袭击东京的计划重新提上了日程。3月份，参谋长联席会议派代表唐纳德·B·邓肯海军上校带着拟定的计划来到珍珠港见尼米兹将军，并提出他们需要被一艘航空母舰护送到日本海域太平洋舰队，问尼米兹能不能提供。尼米兹就这件事征询哈尔西的意见："比尔，你看行不行？""他们要交好运才行。"哈尔西笑了笑，答道。

哈尔西爽快地答应了这个任务，表示愿意负责这次护送。尼米兹非常满意哈尔西的态度，并安排他指挥的第十六特混舰队同搭载了B—25型轰炸机的"大黄蜂"号在海上会合，担任护送任务，并于4月8日离开珍珠港。

金上将也十分在意日军即将发动新攻势的情报，他破例直接同夏威夷站罗彻福特少校联系，希望知道无线电侦听是否发现了日军眼前或长远的作战计划。

罗彻福特仔细查阅了他的情报资料，并同参谋人员进行了周密的磋商，最后向美国舰队总司令和太平洋舰队总司令作了答复：第一，日军在印度洋的作战任务已经结束，舰队正在撤回国内基地；第二，他们并没有进攻澳大利亚的打算；第三，他们将会以尽可能快的速度发动攫取新几内亚东部的战斗；第四，随后，日军将动用联合舰队大部分兵力在太平洋地区发动更大的战斗。

尼米兹将军和他的参谋部暂时同意罗彻福特的四点估计，并在此基础上提出了他们自己的设想。他们认为，日军为控制新几内亚东部，可能先要攫取澳大利亚在珊瑚海的莫尔斯比港基地。因为轰炸机若是从那里起飞，不仅可以到达新几内亚尾部，而且还能到达日军在拉包尔的基地。

4月中旬，美军设在澳大利亚科雷吉多尔的无线电情报站发出信息，日军运输船队由轻航空母舰"祥凤"号护航，在航空母舰"翔鹤"号及"瑞鹤"号作战编队的支援下,将很快进入珊瑚海。日军派出的这两只负责支援的航空母舰曾经参加过袭击珍珠港的战斗,他们还把这次攻击称作MO行动计划。

得知这个消息,尼米兹更加有理由相信,日军的主要目标是珊瑚海的莫尔斯比港。他同时断定:日军会首先将瓜达尔卡纳尔岛北面的小岛图拉吉岛当做目标拿下,用做海上预警飞机的基地;而且估计战斗可能会在5月3日打响。

麦克阿瑟将军正计划着把莫尔斯比港建成一个重要基地,打算借此阻止日军进攻澳大利亚,并作为他重返菲律宾的出发基地。听到这个消息后,他们非常担忧,随即达成一致意见,认为制止敌军的进攻是当务之急。

尼米兹和麦克阿瑟联合行动起来,打算用目前的力量达到目的。当时,麦克阿瑟只有200架陆上飞机,力量显然不够。要达到阻挡日军的目的,就必然要启用航空母舰上的飞机。于是,尼米兹当机立断,命令弗莱彻指挥正在珊瑚海上执行任务的"约克城"号编队的第十七特混舰队迅速撤至汤加塔布岛,并就地休整,补充油料,维修保养,完善建制,做好战斗的充分准备。

同时,"列克星敦"号作战编队接到尼米兹将军发出的向南移动的命令,并于5月1日到达弗莱彻部。麦克阿瑟将军也为此派遣了增援部队,这支部队是从澳大利亚新西兰联合防区的海军部抽出的,其中有3艘巡洋舰和两艘驱逐舰,原本分属美国和澳大利亚。现在,这些所有的舰只都划到了第十七特混舰队的指挥旗下。

4月17日,尼米兹从电台得知消息,东京和日本其他城市已被轰炸。但由于哈尔西始终严格坚持无线电静默,消息也没有提及轰炸机的来源,尼米兹只能设想"企业"号和"大黄蜂"号没有被日军发现。

4月25日，尼米兹和他的参谋人员抵达旧金山，准备就近期的战争形势同金上将交换意见。他们住在圣·弗朗西斯旅馆东北角顶层的栋木和红木镶成的房间，并在旧金山联邦大厦的主会议室里召开了相关会议。

会议就这次珊瑚海海战展开了讨论，全程共分为两个议题。一个议题是无线电情报的相关问题。尼米兹在会上发言说，情报是战争中很重要的一环，美军要确保为战胜日军而获得的宝贵情报来源不被泄露出去。

另外一个议题是珊瑚海暂时的人事问题。金和尼米兹都对弗兰克·杰克·弗莱彻充满了关切。因为哈尔西将军很难在战争爆发时及时赶到珊瑚海，而弗莱彻将会是在场的最高将领，挫败敌人对莫尔斯比港进攻的责任必然落在他的肩上。这样一来，弗莱彻在作战中的态度和表现将会成为尼米兹关注的焦点。

会议还一致认为，阻止敌人对珊瑚海和太平洋的进攻是当前迫在眉睫的问题。4月25日，就在会议进行时，哈尔西率"企业"号、"大黄蜂"号编队圆满完成任务，兴高采烈地回到珍珠港。但尼米兹却只给了他5天的时间用来补充兵员、油料和必需的物资，做好出发赶往珊瑚海的准备。

会议结束后，尼米兹一返回珍珠港就着手布置珊瑚海发生战争后可能用到的一切部署。他指示率领战列舰返回珍珠港的派伊上将，再率领这些军舰返回西海岸，并避开敌人，使航空母舰的油料不致耗尽。尼米兹在调派过程中还一再重申，万一海上编队的位置被敌人发现，编队要即刻解除无线电静默，同时将自己的位置报告太平洋舰队司令部。司令部将设法给予最快、最好的支援。

4月30日,哈尔西将军率领两艘航空母舰,在5艘巡洋舰和7艘驱逐舰的护航下,带着2艘油船离开珍珠港。同一天,"约克城"号、"列克星敦"号编队也在无线电静默条件下,陆续到达珊瑚海指定的集合点。当天,情报人员通过无线电通信分析透露,日本海军正在西南太平洋行动,在接到有关敌军进逼的通知后,驻守在图吉岛上的一支澳大利亚小分队开始匆忙出动。

然而,尼米兹相信日军即将在太平洋开始的行动,目标并不是珍珠港而是中途岛。因此,尽管珊瑚海之战迫在眉睫,尼米兹还是于第二天,即5月1日只身飞到1135海里以外的中途岛,亲自视察了那里的防御工事。

在他外出视察期间,盟军电台截获了日军图拉吉岛上新任职的基地司令发出的一份求援电报,说他遭到了空袭。尼米兹猜想,袭击图拉吉岛上日军基地的可能是弗莱彻,飞机应该是从弗莱彻的一艘或两艘航空母舰上起飞的。这个猜想得到了弗莱彻本人的证实。由于这次袭击,向敌人暴露了他的存在和概略位置,他便给太平洋舰队发了电报。

在弗莱彻的指挥下,"列克星敦"号编队被留在后面加油,他自己则乘"约克城"号高速向北航行。同时,派出飞机飞越瓜达尔卡纳尔山脉,对海湾那边的图拉吉岛进行连续袭击,然后再仓促赶回南边与"列克星敦"号会合。

他在随后的信号报告中说明"敌人的重大损失:击沉两艘驱逐舰、4艘拖船或炮艇、一艘货船;击中一艘轻巡洋舰;击毁并可能击沉一艘9000吨级的水上飞机供应船和一艘大型供应船;重创一艘大型巡洋舰、一艘运输船;击落5架水上飞机"。并表明:"真痛快!"这样,美国人首先打击了日军,而揭开了珊瑚海之战幕。

尼米兹将军听了弗莱彻的报告后，非常高兴，他特地从珍珠港给弗莱彻发报说："祝贺你和你的部队圆满完成任务，望能和援军扩大战果。"然而，随后的空中侦察和无线电情报表明，弗莱彻的报告并不完全属实。实际上，只有几艘小的海军船只被击沉；有一艘日军驱逐舰虽然因为被击坏而搁浅，但不久后又偷偷开进深水逃走了。尼米兹上将得知这一切之后，在签署弗莱彻的战报时认为，这次战斗"从耗费弹药情况看，所得战果实在令人失望"。

这段时间，作战室是司令部的参谋们最常光顾的地方，他们在作战室的所罗门群岛—珊瑚海—俾斯麦群岛海图上，标下了弗莱彻的位置和航线，然后坐等新的情报。当时，绘图军官将美国军舰和部队的位置及行动用蓝色铅笔标出；日本军舰、部队、行动、观察到的情况及估算的位置用橙色铅笔标出；说明、注解和标线等则用普通铅笔。为了更及时地了解情况，尼米兹上将也不时地来作战室视察。

另一方面，被袭击的日军为了对付弗莱彻对图拉吉岛的进攻，动用了"翔鹤"号、"瑞鹤"号航空母舰和两艘重巡洋舰组成作战部队离开了拉包尔地区，穿过布干维尔东北，向南转至所罗门群岛东端进入珊瑚海。他们也在寻找第十七特混舰队。当时的情况是，日美双方的舰队谁先发现对方，谁就能抢先发起攻势。

5月6日上午10点半，特混舰队的B—17型轰炸机从澳大利亚起飞，穿过莫尔斯比港，发现护卫日军攻击部队的掩护部队正在向前挺进。仔细观察之后发现这些日军掩护部队中有12000吨的"祥风"号航空母舰。当即，B—17型轰炸机向"祥风"号发起了攻击，但由于与目标的距离太远，轰炸机非但未能击中，反而被"祥风"号上灵活的零式战斗机赶走了。

几乎同时，另一件不幸的事让尼米兹将军的心情顿时跌入谷底。奉麦克阿瑟上将之命留在科雷吉多尔指挥部队的乔纳森·M·温赖特中将，被围困后处于半饥饿状态，最后被迫同被围困的部队一起向日军投降，这一事件使整个菲律宾群岛陷入日军之手，也使整个太平洋舰队司令部沉浸在紧张和忧虑之中。他们担心弗莱彻的舰艇被日军发现，唯恐其难以逃脱敌人的攻击。

直到第二天凌晨，太平洋舰队司令部没有收到任何情报。虽然说没有消息就是好消息，但不安的情绪依然在尼米兹将军的心中蔓延。就在这时，在珊瑚海上的弗莱彻发现了他北部的敌舰，并对其发起了攻击。中午，他收到日军转型航空母舰"祥凤"号被击沉的消息，着实欣喜了一番。

但由于还要根据飞行员的报告作出正确无误的判断报告，因此，弗莱彻并没有将这个好消息上报。就在这时，盟军监听台收听到敌机的报告说，他们击中了美国的一艘战列舰和一艘巡洋舰，还有另外一艘巡洋舰受到鱼雷的攻击。几乎是同一时间，弗莱彻的报告也来了：舰队完好无损。

双方不一致的消息令尼米兹疑惑不解。直至几天之后，这件事情才真相大白。原来，那天他们确实受到了来自空中的轰击，其中一次是美国B—17型轰炸机误把它们当做敌舰而错打了，也就是日军飞行员在报告中所说的那些被击中的舰只。事实上，克雷斯的舰只只在途中遭到扫射，略受损伤，最后靠熟练的驾驶技术和防空火炮顺利脱逃到了澳大利亚。

也就是那天，日军搜索机发现了第十七特混舰队的位置，一场恶战在所难免。这天夜里，美国无线电情报机构全力以赴，希望帮助弗莱彻查明敌人的位置。同时，弗莱彻拂晓又派出飞机进行了一次侦察，以便更快查出敌航空母舰编队的位置。

但是，5月8日天亮后的几个小时，珍珠港再没收到珊瑚海的任何消息。直到上午10点多，尼米兹终于收到弗莱彻给麦克阿瑟将军的一份电报，其中报告了自己率领的第十七特混舰队和敌军进攻部队的位置。太平洋舰队参谋部集中分析了这份电报并提出以下推断：第一，第十七特混舰队搜索机已经发现敌舰；第二，敌军搜索机也已经发现第十七特混舰队，而弗莱彻也得知了这个消息；第三，两军相隔仅有175海里，历史上首次航空母舰的对战一触即发；第四，弗莱彻建议麦克阿瑟派陆上基地的飞机参加对日军进攻部队的作战。

不管怎么样，最后一点是不可能实施的，因为陆军轰炸机当时正在袭击向拉包尔方向撤退的日军莫尔斯比港的进攻部队，还未见成效。太平洋舰队的参谋部又一次被紧张空气所笼罩。在等候了两个多小时后，他们收到弗莱彻的初步报告，"敌人的第一次攻击已告结束，我方无大损失"，这稍微让人有了点安心的感觉。

半小时以后，尼米兹又收到了有关战况的电报："第十七特混舰队有两颗1000磅的炸弹和两枚鱼雷，击中了敌人的一艘航空母舰。建议派轰炸机参战。"同时，弗莱彻还报告了被击沉舰只的经纬度，但仍然无法得到陆军航空兵的支援。因为陆军轰炸机正忙于轰击全线撤退的日军进攻部队，而且，高空轰炸很难击中目标。

这天下午，太平洋舰队又收到一系列与当时战况相关的电报："约克城"号被一颗炸弹击中，穿透了几层甲板；"列克星敦"号也被两枚鱼雷和几颗炸弹击中，但遭到的损坏较小；美军至少有4次击中了敌航空母舰，至少有3颗1000磅的炸弹命中了目标，使得敌舰置于火海之中。被打坏的日军航空母舰，据美国飞行员证实是"翔鹤"号，报告说，它"正在迅速下沉"。

参谋部的军官们脸上终于露出了宽慰的微笑。这相较他们原先的估计还不算糟糕。尼米兹给弗莱彻发了一份电报并同时抄报金上将，说："祝贺你们近两天来取得的辉煌胜利，你们保持了海军的优良传统，发扬了敢打敢拼的战斗精神，已经受到了整个太平洋舰队的称赞。这是我们的骄傲，祝你和你的部下一切顺利。"

一改往日的紧张，尼米兹连日来紧绷的心弦终于找到了喘息的机会。他在作战日志上高兴地写道：

今天是我们太平洋舰队在珊瑚海战斗中一个值得纪念的日子。在过去的36小时内，双方航空母舰会战的结果，我们击沉了敌人的"祥凤"号，重创"翔鹤"号。我方"列克星敦"号受重伤，"约克城"号受轻伤……但所幸的是，天亮前，"约克城"号和"列克星敦"号均已向南后撤。

然而，这种战斗中得来的兴奋感并没有持续多久，而且在接收到弗莱彻给麦克阿瑟的另一份电报后很快便受到了抑制。弗莱彻在电文中说"'列克星敦'号处境不妙，要求空中掩护"。同时报告了第十七特混舰队的位置、航线和航速，并着重指出航速仅20节，"可能还得慢"等情况。

这是一个令人震惊的消息。因为参谋部刚刚根据战况作出结论："列克星敦"号安然无恙，正在平稳地行驶，能够恢复飞行战斗。电文说它"处境不妙"，意味着原先的工作出现了差错。夜晚，尼米兹惊悉，"列克星敦"号航空母舰已被放弃并且沉没了。详细情况是，从破裂的油管流出来的汽油在舰内剧烈爆炸，造成大火，以致引起了一连串的爆炸。无奈，弗莱彻只好命令放弃军舰，并用一艘驱逐舰用鱼雷把它炸沉了。

一片忧愁的情绪在太平洋司令部蔓延。尼米兹强压着内心的震惊与悲伤，喃喃地说："'列克星敦'号是不该丢的！"不过，他很快便发现周围的人一个个都是一副垂头丧气的样子，于是接着说，"记住这一点，我们丝毫也不了解敌人受损失的情况。说不定敌人也受到了重创，他们也并非称心如意。"

然而，根据夏威夷情报站5月9日早上截获的综述日军电报，日军并没有受到尼米兹预想中的重创。电报称，"翔鹤"号根本没有被击沉，甚至并没有被鱼雷击中，只是中了3枚炸弹，受到了轻微损伤。它把舰上飞机转移到"瑞鹤"号上后，仍然能靠自身的动力继续航行。当然，日军在电报中夸大了战果，声称他们击沉了"约克城"号和"列克星敦"号。

珊瑚海之战对两军来说都是一次重要的胜利。对日军来说，他们取得了战术性的胜利。以13000吨的"祥凤"号和在图拉吉岛外围被击沉几艘小舰的较小损失，换取了击沉"尼奥肖"号、"西姆斯"号和32000吨的"列克星敦"号的胜利。对美军来说，这场战争是一次战略性的胜利，因为他们挫败了日军预谋攻占莫尔斯比港的主要目的，而且，这是日军的攻势在第二次世界大战期间第一次遭到了挫折。

当时，尼米兹将军曾考虑让弗莱彻留在珊瑚海不要后撤，等待与正在迅速赶往珊瑚海的哈尔西会合，然后把"约克城"号及其护卫舰编入他拥有两艘航空母舰的第十六特混舰队去寻找战机。但是，经过反复考虑后，他放弃了这个想法，因为"约克城"号曾遭受到破坏，在敌军即将在中太平洋发动全面攻击的情况下，他不能用这艘航空母舰去冒险。于是，他命令弗莱彻的潜艇对受伤的日本航空母舰进行一次袭击，并给普吉特海峡的海军船厂发报，督促他们加速修复"萨拉托加"号，"以应部队急需"。

5月10日，日军从特鲁克群岛派出一支部队占领了大洋岛和瑙鲁岛这两个岛屿。尼米兹在了解到这一情况后，命令哈尔西赶到东所罗门群岛500里内的海域，让"大黄蜂"号和"企业"号暴露引得敌搜索机向上报告。果然如尼米兹的预料，日军发现两艘美国航空母舰抵达南太平洋，便急忙撤走了抢占大洋岛和瑙鲁岛的部队。随后，为了使日军认为太平洋舰队的全部航空母舰都已到了南太平洋，尼米兹干脆让哈尔西将他的特混舰队向敌人摆开阵势。日军也因此而放松了即将在整个太平洋的进攻。

珊瑚海海战后，尼米兹详细地分析了战况和此战的意义，向金将军作了汇报。他认为弗莱彻"巧妙地运用了提供给他的情况，在5月4日至8日珊瑚海的遭遇战中，为盟军赢得了一次决定性的胜利"，同时向金将军建议晋升弗莱彻为海军中将，并授予军功章。

然而，金对弗莱彻的表现和作战的印象并不如尼米兹那样好。他认为，弗莱彻能够做得更好，比如若是在夜战中用上驱逐舰，情况将会不同。于是，他在给尼米兹的复电中说："我已经表示过我的看法，在同敌人夜战中应当把驱逐舰用上。"

后来，尼米兹针对这一点指出，弗莱彻当时仅有的几艘驱逐舰在担负掩护任务，而且由于缺乏雷达，在黑夜里要发现敌军的航空母舰很难。另一方面，由于夜间加油困难，开足马力参加夜战是不理智的行为。此外，如果驱逐舰进行远距离夜间巡逻，它们将不能在拂晓同其他舰艇会合。可是，金并不满意尼米兹的解释，依然既不同意提升弗莱彻，也不同意给他授勋，认为至少还需进一步作全面的研究。

这次海战后，尼米兹用最笼统的措辞发布了战斗消息，希望以此来掩盖最新消息，以达到迷惑敌人的效果。

7. 战前的中途岛

中途岛，是美国海军上尉勃洛克于1859年发现的岛屿，位于亚洲与北美之间的太平洋航线正中，离美国旧金山和日本横滨的距离都约为2800海里，距珍珠港则约1135海里。它可以说是美国在中太平洋地区的重要军事基地和海洋交通枢纽，也是美军在夏威夷的门户和前沿阵地。正因它特殊的地理位置决定了其战略地位的重要性。因此，若是中途岛失守，美太平洋舰队的大本营——珍珠港将暴露在日军的视线之下，后果将难以设想。

而尼米兹的老对手山本五十六也并没有忘记尼米兹，他很清楚尼米兹的指挥能力和领导能力。哪怕是日军从上到下沉湎于珍珠港大捷的狂欢时，他都能够冷静而清醒地面对现实。他曾指出：我们唤醒了一个沉睡的巨人，因此，必须在巨人尚未起身之前，将其击倒使其无还手之力。当然，这指的是希望尽早完成袭击珍珠港的计划，彻底击毁美太平洋舰队。

因此，当宇恒参谋长提出进攻中途岛的计划时，山本给予了高度支持，他认为若能占领该岛，便可以将该岛作为日机空中巡逻的前进基地，不仅能够逼近夏威夷，而且能够诱出美舰队，在决战中给予痛击，甚至歼灭。

日军司令部几经周折，终于通过了中途岛的作战方案，而山本五十六则毫不犹豫地担任了这次可以说是日本海战史上最大一次作战的全权指挥官。而且，据可靠消息，进攻中途岛的作战计划早在珊瑚海海战之前便已经成形，兵力布置也已经就绪。因此，从某种程度上来说，珊瑚海海战只是日美之间在太平洋上真正较量的预演。山本五十六将目标明确锁定为中途岛，并希望能够在最短的时间内赢得战争的胜利。

　　当然，具有战略眼光和出众才智的尼米兹不可能意识不到这一点。事实上，同为军人，尼米兹对敌方海军战将有一种说不出来的钦佩之情，这也许与他年轻时曾经邂逅东乡平八郎留下的青春情结有关。若是换做其他境况，两人或许会成为切磋海战的谋略和战术的至交。

　　正因为这样，两人所有的计谋、策略和圈套都好像是为着最终战胜对方而设计的，彼此都迫切渴望知道对方的撒手锏。当然，尼米兹十分清楚，他是守方，而且整个美国曾在日军突如其来的疯狂进攻中措手不及。现在，他有责任，甚至可以说必须以带有屈辱色彩的忍耐步步为营，逐渐化被动为主动，化守为攻。

　　尼米兹通过仔细谨慎的思虑，作出决定。他认为，在现有阶段，美军的首要任务是必须巩固每一寸战略要地，不致使他们受到像珍珠港事件那样的残酷打击。而且他也明白，谨慎小心，加上敏锐的预见能力，对于统管全局的指挥官来说是必不可少的，尤其是处于当下境况之中的他。

　　当时，情报官员罗彻福特少校也与尼米兹有基本相同的预感，他认为，日军在太平洋发动攻势必将攫取或者绕过首当其冲的美军据点中途岛。但种种迹象表明，风头正盛的日军直接攫取中途岛的概率比较大。仔细分析过情报官的汇报后，尼米兹在5月上旬对中途岛工事作了一番视察。

5月2日，尼米兹及其参谋人员仔细视察了中途岛的两个小岛——东岛和圣德岛上的全部防御工事。当时，他与普通军官一起匍匐着走进炮兵掩体和地下指挥所，检查了飞机库和通信设施的操作情况，尤其是中途岛和珍珠港之间的海底电缆系统。这虽然是一条旧的太平洋海底线路，但依靠这条线路能够直接用英语联系，而不致受静电干扰或被敌人侦听、破译。

视察过后，尼米兹要求岛上官兵采取紧急措施，火速加强该岛防卫。随即，数千米的铁丝网、成千吨的水泥和弹药、几万只沙袋迅速运抵该岛。此外，防空炮群林立，守备部队已达2000人，飞机猛增至120架，PT鱼雷快艇不分昼夜地在沿海区域里巡逻并执行夜袭任务。不仅如此，潜艇巡逻也进一步加强，20艘潜艇在离中途岛100海里、150海里和200海里的地方布置了3条弧形巡逻线。

就在视察结束的时候，尼米兹问海军陆战队哈罗德·香农中校："如果我如数解决了你们需要的东西，你们能够守住中途岛，并打退敌人强大的海陆进攻吗？"

"是的，先生。"香农自信满满地回答道。

尼米兹点点头，对此感到非常满意。他轻松地笑了。

第二天一早，尼米兹和随同的参谋人员悄然返回珍珠港。整个视察活动体现了典型的尼米兹作风：既解决了具体问题，又鼓舞了官兵的士气，却又不事声张、朴实无华。

5月的第二个星期，据截获的无线电电讯分析，大批日军舰只正在本国海域和马里亚纳群岛集结。罗彻福特及其助手认为，日军攻占中途岛的企图越来越明显。

尼米兹对这一分析表示赞同，但谨慎小心的他同时也认为不能排除其他可能。当时,有关日军进攻企图的估计五花八门,谁也没有绝对把握。美陆军航空兵方面认为日军要袭击旧金山,因此并不愿意把轰炸机全部拨给尼米兹;麦克阿瑟则认为,日军将恢复对新几内亚和所罗门地区的进攻。盟军英军的决策人士持相反意见,认为日军将再度进入印度洋。显然,这些意见都在强调自己的防御应当为重点。

可是,日军的行动目标是什么呢?怎么确定?又该如何作出决定?

尼米兹冷静而又理智地指出,应该利用情报信息来解决这一难题。平日里,他极端重视情报的价值,认为通过情报来分析和推断问题是一种理智的、科学的决策方法。他也一向给予具有专长的情报官员格外的重视和积极的扶持。罗彻福特海军少校就是其中之一,他在整个太平洋战争期间都与尼米兹有着非同寻常的交往和接触。而且,每逢重大决策,尼米兹都要求罗彻福特从情报分析的角度提供具体方案。

罗彻福特是一位机警灵活的情报专家。他了解了尼米兹的意图后,便带领24名经过严格训练的情报人员,待在珍珠港一个阴暗的、加了双锁的地下室里,整日埋头于堆积如山的文件和电稿之中,希望能找到蛛丝马迹成为决策的实质性参考。

4月和5月期间,日本联合舰队异常频繁而神秘的电报,立即引起了罗彻福特的高度警觉,同时也引起了尼米兹的极大关注。太平洋舰队有了珍珠港事件的教训,已经学会了无论如何也不能放过任何危险信号。因为他们都清楚,美国再也经受不起另一次打击了。于是,尼米兹急令罗彻福特查清日方的无线电通信中不断出现的"AF"字母代号的含义。

情报官罗彻福特是个密码分析专家，他拥有强大的密码分析小组。罗彻福特小组通过彻夜的分析和研究后认定，日军将要采取重大的军事行动，"AF"所指的可能是目的地为需要特定装备的地点。

经过仔细的比较和分析，以及长期情报工作所累积的线索，罗彻福特渐渐得出了比较清晰的认识：日军通常以A字起头的字母组合标出美军在中太平洋海区的部署。因为过去有过这样的案例，如他们曾以AH代表1941年12月7日日军袭击的地点；以AG代表1942年初从马绍尔群岛起飞，中途在弗伦奇·弗里格特浅滩潜水艇上加油的水上飞机。而且，这些轰炸机接到通知，要避开来自AF的空中搜索。根据有限的资源，罗彻福特推断出"AF"只能是中途岛及其附近地区的代号。

但各执一词的决策人却对这种推断持怀疑态度。于是，罗彻福特想出一个"兵不厌诈"的巧计来进一步证实自己的观点。

5月10日这天，罗彻福特来到太平洋舰队司令部，与尼米兹的情报参谋莱顿进行了详细的商谈。最后，他们决定让中途岛用明码电报向珍珠港发出电文，谎称造蒸馏水的机器坏了，试图以此观察日军无线电情报通信系统的反应。尼米兹听完汇报后，觉得这个方法可行，批准了这一计划。

中途岛奉命拍发了这份诱饵电报。果然，两天后，罗彻福特截获了日军向总部发出的紧急电报，发报声称："AF"很可能缺乏淡水。

一切都真相大白。"AF"就是中途岛的代号，这个预测通过日军的反应得到了证实。这绝对是一个战略上的重大成功。罗彻福特小组趁机以此为突破口，破译了反映日方舰队作战计划的所有通信。他们不仅清楚地掌握了日军计划夺取中途岛的战略企图，而且还查明了其参战的兵力、数量、进攻路线以及大致的作战时间。

日军却对此浑然不知，还在一味幻想，希望能够重现偷袭珍珠港的奇迹。从侦测到的数据来看，日军将中途岛之战视为最后的决战，因为他们计划令联合舰队主力倾巢而出，总计有大小二百余艘舰只、七百余架飞机参战。情报官还进一步侦测到，日方将进攻中途岛的日期定在6月7日。在此之前，他们计划以阿留申群岛为辅攻方向。因为在原定的预想中，日军认为美舰队将被同时进击中途岛和阿留申群岛搞得措手不及，穷于应付，最终被击败。

于是，5月25日，山本和部下在进攻中途岛的一切准备就绪后，齐聚旗舰"大和"号，共祝未来的胜利。然而，山本的如意算盘打错了，他还不知道他的对手早已获悉了自己的一切作战计划，日军所有的行动都在对方的预料之中。

与此同时，尼米兹也根据夏威夷情报站的情报开始了紧迫的排兵布阵。当然，这是胸有成竹的战前准备。

尼米兹所做的第一件事便是加强对现有三军部队的领导。他先向夏威夷地区的埃蒙斯将军通报了他的计划，然后下令部队进入"战前进攻"状态，并把夏威夷地区除陆军以外的所有部队都纳入了自己的指挥之下。当然，埃蒙斯所管辖的第七航空队的大部分轰炸机也被派往中途岛。

而埃蒙斯对此深为不满，在他看来，他的职责是保卫夏威夷。因此，从他的角度考虑，敌人进攻瓦胡岛的可能性不能忽略。显然，这样的局部观念触怒了太平洋舰队司令部的参谋们，他们大为恼怒，认为埃蒙斯不能顾全大局。而尼米兹却处之泰然，他还提醒参谋们接受这个有益的告诫。

事实上，尼米兹作为太平洋舰队的统帅，心中也有隐情。他非常清楚自己手中用于排兵布阵的力量实在有限，无法再将其分散以应付日军各种可能的进攻。因此，他倾向于竭尽全力保卫中途岛，而对于阿留申群岛，他感到无力顾及。他原本主张岛上部队严阵以待，自己保卫自己，希望阿留申群岛能够自卫。

然而，从另一方面来讲，阿留申群岛不仅具有战略价值，更重要的意义在于，它是美国的神圣领土。如果尼米兹真的只是让其自卫，对其置之不理，势必会遭到国内公众舆论的谴责，他的处境将会十分难堪，甚至会影响到中途岛战场的势态。因此，尽管尼米兹认定日军即将对阿留申群岛的进攻只是牵制性的行动，他也不得不作出最终决定，命令由巡洋舰和驱逐舰组成的北太平洋舰队驻守阿留申群岛，以加强那里的防御。

这种部署使得美军太平洋舰队水面舰只的状况更加不妙。根据情报估计，日军将有10艘航空母舰出动，美军仅有"企业"号和"大黄蜂"号两艘可以使用，而且还在从珊瑚海急速返回的途中。"列克星敦"号已经沉入海藻丛生的热带海底；"约克城"号也遭到重创，需修整后才能投入战斗；"萨拉托加"号则由于远在圣地亚哥，难以如期抵达中太平洋参加战斗。

实在难以确保万无一失的尼米兹甚至提出了借船的主张，他希望能够借用驻防印度洋的3艘英国航空母舰中的一艘，便将借条打到了英国海军部。然而，四面楚歌的英国也有自己的考量，他们担心日军随时可能在印度洋发动攻势，以彬彬有礼的绅士方式婉转地拒绝了尼米兹的请求。英国海军部的答复是：一艘也不能借，英国需要在印度洋保卫大英帝国的安全。

至于其他主要舰艇，双方的实力也相差较大。日军拥有23艘巡洋舰，尼米兹可调配的只有8艘；日军拥有11艘快速战列舰，其中包括世界驰名的最大战舰——新"大和"号，而尼米兹只有6艘速度缓慢、难以配合航空母舰作战的战列舰。尼米兹也想过，是否能从旧金山调出几艘战舰，但终因不切实际而放弃了这种想法。这种时候，就算是堂堂的美国太平洋舰队总司令也不得不发出"巧妇难为无米之炊"之慨叹。

目前，尼米兹最盼望的是那些正在归途中的舰只早日返航。

5月27日，"约克城"号航空母舰拖着伤残之躯，在黑云压城、战局变幻的时刻驶抵珍珠港。但不幸的是，它并非雪中送炭，舰长菲奇将军估计修复这只千疮百孔的战舰起码需要3个月时间。这个消息或多或少让尼米兹有点失望，经过短暂的思量之后，他斩钉截铁地向维修部门下达命令："想尽一切办法，限定3天内修好！"

于是，几乎在"约克城"号抵达珍珠港的同时，载满工人的平底船已经奉命向它靠近，舰上的缆绳还没有系好，舰面上就响起了修复的敲打之声。整个珍珠港的美军都在尼米兹的号令下积极地行动了起来，海军工厂的工人，航空母舰的舰员，都争分夺秒地投入了抢修工作。就连尼米兹有时也会穿着齐腰的长裤靴在船坞里实施现场指挥。

功夫不负有心人，奇迹在一种从未有过的上下一致的协作精神下产生了："约克城"号神奇地在一天之内康复了，而且在加油之后，重返第十七特混舰队。

就在这时，尼米兹从情报部门获悉了日军联合舰队总司令山本海军大将的详细进攻计划。情报显示，日本的联合舰队将分为三大主力阵容：

一、北太平洋编队。此编队由山本亲自指挥，包括原本由山本率领的航空母舰第二突击编队和高须四郎海军中将指挥的"阿留申警戒部队"。第二突击编队拥有战列舰"大和"号、"长门"号、轻型航空母舰"龙骧"号、水上飞机母舰"千代田"号、"日进"号以及一些轻巡洋舰和驱逐舰。按照计划，这支兵力会部署在中途岛北面600海里处。而高须中将的"阿留申警戒部队"则由4艘战列舰、二艘轻巡洋舰和12艘驱逐舰组成，负责支援阿留申群岛攻坚战。

二、航空母舰第一突击编队。此编队将由指挥空袭珍珠港的南云海军中将指挥，预计由西北方向南而下，从空中对中途岛发起主攻。这支编队包括"赤城"号、"加贺"号、"飞龙"号、"苍龙"号4艘大型航空母舰，由2艘战列舰、3艘巡洋舰和11艘驱逐舰护航。不过，据情报部门的侦听证明，"翔鹤"号和"瑞鹤"号虽划归这支部队，但已无法参战。

三、进攻中途岛的部队。这支部队的总指挥为近藤信竹海军中将，从关岛和塞班岛方向出发，并从西南方向逼近中途岛。而且，这支部队预计在海上同包括战列舰第三分队部分舰只在内的日本第二舰队会合，并由这支舰队护航，走完最后阶段剩余的650海里航程。

而且，罗彻福特估计，日军将在6月上旬进攻中途岛及阿留申群岛，但确切日期却没法确定。对此，情报部门解释说，由于日军已经按惯例更换了战时密码，破译人员需要几个星期的时间，在附加的数码组重复使用之后才能识破密码的内容，也就是说在战斗开始前美军无法再获得更多更详细的情报了。

然而，对作战方案的考究并未停止。太平洋舰队司令部的部分军官对情报部门提供的山本大将的作战方案仍持怀疑态度。他们指出，这会不会只是日军用来迷惑美国人的假电报？因为通常情况下，这样的头等机密是不用电报的。

尼米兹经审慎分析指出，日军为了对付美军的抵抗，动用大量兵力是肯定的。他们的主要目的可能是要将处于劣势的美军太平洋舰队引出来，以便歼灭。而用电报发送作战计划并不可疑，这说明山本的作战日程非常紧迫，除用电报以外，别无他法。

尽管对众将官作如此解释，但尼米兹自己心中仍然忐忑不安。由于手中缺乏更为准确的情报，他只能以现有情报准确无误为前提拟订作战方案。随后，他命令情报官莱顿把从电台以及其他情报来源获得的所有数字，仔细地核对，并尽可能准确地预测出战斗打响的时间。

尼米兹之所以这么倚重莱顿是有原因的。应该说，莱顿在珍珠港事件中没有预见到日军的行动，是那次灾难的失职者之一。但尼米兹没有苛责于他，把他从第二批改组名单中划去，而是依然让他留在了原来的工作岗位上。因为在尼米兹看来，在非常时期，他需要用各种各样的尖端人才组成优秀的智囊团。而且他相信，珍珠港事件中情报官并没有错，莱顿的能力也不应该遭到质疑。

正如尼米兹所料，莱顿的确具有在这一历史时期中必备的适任条件。当时，航母第一次成为海战的中坚力量，美国还从没有与日军交战过，也没有以航空母舰参与过任何战争。而这次的战斗相当于给美国海军提出了一个全新的战略课题。

而莱顿曾在日本工作过，他精通日文并了解日本的风俗习惯。不仅如此，对心理学有所研究的他懂得通过日本人的思想和言行，较准确地预见和说明他们的行为动机。比如说他可以把他对日本全部海上力量及行动的具体了解，用于太平洋战区，珊瑚海战役的成功预测就是最好的例子。因此,莱顿是尼米兹眼中阐明山本战略、战术的最理想人选。

这天,当尼米兹在他密不透风的办公室里召见莱顿时,谨小慎微的莱顿已经做好了充分准备,他连续3个月通宵达旦地查阅情报材料,并仔细研究了太平洋近期的风向、气象和洋流情况。

莱顿坐下后,尼米兹开门见山地要求他提供一些肯定的情报和细节。

"我现在很难谈得具体。"莱顿并没有直接回答,他声调轻微,目光游移。

"我要你具体地谈。"尼米兹用不容置疑的语气回答,"这是你的任务。你现在必须站在日军将领的角度,尽可能详细地告诉我他们的作战计划。"

"好,将军。"莱顿看到尼米兹信任的眼神,终于鼓足了勇气,声音也显得明确而自信了。"我曾经报告过你,敌军对阿留申群岛的牵制进攻将在6月3日进行,而航空母舰部队则可能在6月4日早晨进攻中途岛。现在我将具体介绍6月4日这一天的情况。据我推断,敌军将从西北方向发起进攻,我军在方位325度,距离中途岛约175海里的地方即可发现敌军。至于时间,应该是在中途岛时间早晨6点钟。"

莱顿这番话出乎尼米兹的预料,因为他所谈的内容比尼米兹想象中的更为具体。尼米兹上下打量了一番莱顿,像是表示赞许,又像是若有所思。他很清楚,莱顿是一个注重稳重求实的人,若无确切把握,他是不会说出口的。

于是,尼米兹要求莱顿把情况马上下发到中途岛守岛部队,并通报作战室标图官。命令下达之后,尼米兹的脸上露出了一丝不易觉察的微笑。因为他已经成竹在胸，一个富有见识的作战方案已经在他脑海中初具雏形。

在尼米兹看来，浩浩荡荡地进攻中途岛的山本舰队中，最具威胁的部分是南云率领的第一突击编队中的4艘航空母舰。他认为，只有这些航空母舰才具有摧毁美中途岛陆、空防御体系的实力；也只有这些舰只，才能为舰队的其他舰只提供足够的空中保护。因此，要想遏止日军对中途岛发动的攻势，美军必须齐心合力歼灭南云所在的航空母舰第一突击编队。

当时，尼米兹手中有两支王牌编队——由哈尔西指挥的第十六特混编队和弗莱彻指挥的第十七特混编队。他决定将这两支编队拧成一股力量，共同驶往中途岛北东海面列阵埋伏，打算寻找恰当的机会从侧翼对毫无警觉的日本舰队实施突袭。

5月26日拂晓，珍珠港西南方向的海平线上隐隐出现一排舰艇，渐渐地越来越清晰，随后在飞溅的白色浪花中很快塞满了珍珠港。是哈尔西上将指挥的第十六特混舰队的舰艇回到珍珠港了！果然，从靠岸的小汽艇上走下来的正是健壮的哈尔西上将。

尼米兹露出了难得的欣喜神情，起身迎接自己的爱将。哈尔西可谓是"召之即来，来之能战，战之能胜"的人物，他是太平洋舰队中为数不多的将才之一，也是尼米兹的左膀右臂，他们的交情从在海军军官学校上学的时代就开始了。很快，舰队司令部大楼的走廊内便回荡着哈尔西那粗厚低沉的嗓音。

哈尔西虽然面带笑容，但依然无法掩盖其中所透露出的憔悴。他的身体也明显消瘦了许多，这与尼米兹心目中的哈尔西完全不同，使他深感意外。因为他深知哈尔西是那种渴望迎接激烈挑战的人。

原来，半年以来，哈尔西一直待在舰艇驾驶室里研究航空母舰的战术，希望在即将来临的海战中再展雄风。但是，他好胜的欲望过于强烈，使他那急躁的性格难以承受连续紧张的压力。越是战事临近，他越是夜不能寐、心神不宁，像一只渴望决斗的雄狮一般浮躁不安，以至于患上了严重的带状疱疹。在这种状况下，他不得不在医生的强烈建议下住院治疗。

此时，哈尔西的心情是可想而知的，在波澜壮阔的海战即将拉开帷幕的关键时刻，他却无法担起重任了，只能远离战火，做一名战争的旁观者。他内心的痛苦是无法用语言表达的。这次放弃被他称为"一生中最难以忍受的失望"。

哈尔西此行是来看望和问候尼米兹的，也是来向他熟悉的海洋和战舰作个短暂告别。在同尼米兹的亲密交谈中，他殷切推荐巡洋舰指挥官斯普鲁恩斯少将接替他的工作。

对尼米兹而言，这无疑是一大损失。在危机到来的前夕，一位最有进取精神和最有作战经验的航空母舰指挥官竟然要离开！但他同时也必须承认，斯普鲁恩斯也是杰出的人才，是个出色的组织者和战略家。更加可贵的是，斯普鲁恩斯还是那种能够在压力面前冷静思考的人，从某种意义上讲，由他接替勇猛冲动的哈尔西也许更为稳妥。

尼米兹在很久以前已经注意到了他这种出众的才干，而且已经为斯普鲁恩斯物色到了一个更合适他的职位，那就是太平洋舰队的参谋长。因此，尼米兹只答应斯普鲁恩斯暂时负责哈尔西曾率领的第十六特混舰队、"企业"号和"大黄蜂"号作战编队的指挥工作，战事结束后，便要回岸上就任参谋长一职。

斯普鲁恩斯听了尼米兹对他的命令以后，经过了短暂的心理斗争，但很快就克服了矛盾的心情，全神贯注地投入到了战争的准备工作中。他在明确了作战计划中要从侧翼袭击南云舰队的部署之后，慎重地提出了自己的意见。他认为，美军的航空母舰部队在日航空母舰未被打垮之前，不应该进入中途岛西部，以防日军突然改变计划进攻珍珠港。

5月27日，尼米兹再次召集高级将领开会，出席会议的包括斯普鲁恩斯将军、埃蒙斯将军以及马歇尔将军的非正式代表罗伯特·C·理查森中将。会议之后，尼米兹和与会人员一起视察了"企业"号，并在那里授予了三名飞行员勋章。他在给其中一名中尉佩戴优异飞行十字勋章时，半开玩笑半认真地说："我想在未来的几天内，你将有机会获得另一枚勋章。"

尼米兹刚刚回到办公室就发现弗莱彻在他的巡洋舰指挥官史密斯少将陪同下已经等在办公室了。他们是前来汇报工作的。不过尼米兹发现弗莱彻一贯优雅的体态和风度有点走样。

"感觉怎么样？"尼米兹快步走上前，关切地问。

"相当累。"弗莱彻明显有些疲倦，但还是露出了笑容。

尼米兹点点头，思索了一下，缓缓地说："通常情况下，在海上执行如此长时间的战斗任务后，应该有一个休整的假期。但战事吃紧，你和第十七特混舰队只有马不停蹄地执行新的使命了。"接着，尼米兹简明扼要地向弗莱彻介绍了日军进攻中途岛的全盘计划，并在结束后以将军式的挑战口吻说："你知道吗？日军对8月1日在中途岛接管海军站的军官都已经任命完毕了。"

尼米兹的口吻听起来有点调侃的味道,但熟识尼米兹的弗莱彻明显感到,他的身心似乎在经受一些难以排遣的烦恼,或许这一切的来源都是即将到来的捉摸不定的战争。

然而,弗莱彻没有想到的是,尼米兹的烦恼其实还有另外一个原因,那就是在这个关键时刻不能有丝毫差错的人员任命问题。不错,正如他所说,日军已经将战事结束后的人员任命都安排到位了,而他却连作战指挥员都没能最后确定,这让他多少有点心气难平。按常理来说,哈尔西退职后,海上作战的全盘指挥权应由弗莱彻接替。但是,他所认可的弗莱彻却并没有得到海军作战部长金上将的赞赏,金依然对他的作战能力表示怀疑。

因此,尼米兹面临的问题是,说服满腹狐疑的金上将同意自己的看法或者说服自己承认弗莱彻条件不够。而后者相当于是对弗莱彻完全具备的能力和勇气提出疑问,这在尼米兹看来简直是对自己信任的将领的极大不恭,是他难以接受,也不允许自己接受的。

不得已,尼米兹打算和弗莱彻当面谈谈,希望能对当前的形势有所帮助。当尼米兹将军有点勉为其难地回顾弗莱彻的战时表现时,弗莱彻也意识到了这次谈话的缘由。气氛顿时尴尬起来,本就不善言辞的弗莱彻几乎变成了哑巴。他吞吞吐吐地表示要去查阅自己的战时档案才能非常清晰。

尼米兹在同意这一要求的同时,鼓足自己最大的勇气透露,希望让老朋友写一份充满信心的书面材料,对他指挥第十七特混舰队的全部经历做个全面清晰的陈述。可想而知,作出这个决定对于器重弗莱彻的尼米兹来说是多么艰难。但弗莱彻非常了解这位司令官的心情,并没有说什么,爽快地答应了他的要求。

尼米兹在读完弗莱彻的书面报告后，马上给金上将送去了一份声明和说明信，以讲明自己的立场。"亲爱的金，"信中说，"弗莱彻在港口停留的三天时间里，我终于有机会同他讨论他在珊瑚海地区的战斗经历，澄清了对他的部队在战斗中缺乏积极性的看法……我希望，并相信你在读过本信之后，将同意我的建议，弗莱彻最近在珊瑚海执行的巡逻任务中，显示了卓越的判断能力，出色地完成了任务。他是一个优秀的、适于远航作战的海军军官，但愿你将任命他为一支特混舰队的司令。"

金上将虽然还是不太认同尼米兹的看法，但最终还是同意了尼米兹充满恳切之辞的任命请求。

就在任命确定的当天晚上，太平洋舰队司令部同两个特混舰队参谋部的联席会议如期举行。弗莱彻将军、斯普鲁恩斯将军、莱顿中校，还有3位作战官——太平洋舰队的麦克莫里斯上校、第十六特混舰队的威廉·H·伯雷克中校、第十七特混舰队的沃尔特·G·欣德勒中校出席会议。

会议确定了总的作战指导方针，即在充分了解敌方动向的前提下，出其不意、先发制人，争取以弱胜强，使敌方航空母舰处于被动挨打的地位。与会人员根据预计日军的突袭行动路线为准，仔细分析了美军应该采取的对敌措施，并突出应该掌握好的两个时机，即要在敌航空母舰的一半舰载机起飞袭击中途岛时，对其实施拦截；要在进攻中途岛的半数敌机尚未返航时，打击敌航空母舰。

最后，太平洋舰队司令部给了弗莱彻和斯普鲁恩斯最终指示："运用最有效的战术，给敌人以最大限度的杀伤。"单从这条指示来看，弗莱彻和斯普鲁恩斯就知道自己面临的任务极其艰巨。为此,尼米兹还特意对两人下达了补充指令:"你们要遵循的原则是:值得冒险才去冒险,如无机会致敌以严重损伤,则不应将己方部队置于优势之敌的袭击之下。"

5月的最后一个星期,一切都在按计划悄悄进行。同时,尼米兹还另外指示在珊瑚海执勤的一艘巡洋舰使用航空母舰航空兵大队常使用的频率发报,希望以此迷惑日军,造成美军的航空母舰仍在所罗门群岛周围的假象,从而诱使他们毫不犹豫地继续向中途岛进发。

5月30日晨,美军的22架"卡塔林娜"侦察机由中途岛起飞,照例在西面700海里的海域执行搜索任务。它们与由威克岛向东北方向巡逻的日军轰炸机不期而遇,其中两架侦察机被击落。事实证明,这次空中遭遇并未引起日军的高度警惕。

与此同时,尼米兹要求中途岛官兵采取一切措施,加强岛上防务。一切都在紧锣密鼓地按计划进行着,美军在中途岛水际滩头及周围水域都布设了水雷,加强了海军陆战队的守备兵力,并增加了一些高炮。但可惜的是,岛上的航空兵力仍然有点不足。

中途岛是一个珊瑚岛,由两个环礁组成。在这两个礁岛中,大的称为桑德岛,长仅2海里;小的为东岛,其面积仅为桑德岛的一半。守岛部队所辖26架"野牛"式战斗机用于防空,34架俯冲轰炸机用来袭击敌舰。但是,这些俯冲轰炸机不仅装备过时,他们的飞行员也多是刚从航校毕业的年轻人,缺乏实际战斗经验。除此之外,岛上还有4架临时改为鱼雷轰炸机的B－26型陆军轰炸机。换句话说,中途岛上唯一真正有效的飞机是初次部署在太平洋战场上的6架TBF型鱼雷轰炸机。

虽然这样，但太平洋舰队司令部已经将所有能够使用的舰只做了最大限度的部署。而尼米兹对岛上航空部队的最大希望在于打乱敌舰编队和驱散敌机，以便为美方航空母舰上训练有素的飞行员在战斗中发挥更大作用创造条件。也就是直到这时，担负海、陆、空全面指挥任务的尼米兹才稍微松了一口气，因为一切已经准备就绪，只需静候日军来袭。

5月31日晚，尼米兹第一次安心就寝，并在就寝前给夫人凯瑟琳写了一封信。他在信中写道："我希望最近几天夜能够更长一些，以便能够有空充分休息。"他不能向夫人透露详细的战况，但在信的末尾，他说："总有一天，我们的业绩将载入史册，但现在必须等待。"

太平洋舰队作战室异常平静，参谋们依旧伏在绘图板上，时不时用彩色铅笔标出双方前进的航线。但这次不同，空气中似乎酝酿着一种一触即发的紧张情绪。而在那些铅笔沙沙的划动声中，双方剑拔弩张的气息仿佛也被表露无遗。只有尼米兹泰然自若地来回走动，他这一行为多少给了大家鼓励与安慰。后来有人回忆说："大家一致认为，尼米兹具有慈父般令人鼓舞的形象，他是一个非常镇静的人。"

6月2日是相对平静的一天，第十六、十七特混舰队也按计划抵达集结地点。直到夜晚，还没有传回任何消息，只有沉静的黑暗。尼米兹照例在温馨的灯光下给夫人写信："又是忙碌的一天，也是焦急地期待事态发展的一天，我们比以往有了更为充分的准备。"

尼米兹这几句貌似平静的话语中隐含着他对即将来临的风暴雷霆的无所畏惧、冷静期待和勇于迎击的心情。是的，载入史册的时刻终于就要到来了！

8. 指挥中途岛会战

　　1942年6月3日，珍珠港地区气氛空前紧张，海岸上了无人迹，只有空袭警报的嗡嗡声在雾气蒙蒙的天空中回响。

　　从拂晓开始，太平洋舰队司令部就处于高度戒备状态。高级参谋们都各就各位时刻紧张监听着来自敌方无线电通信的消息。由于美方守岛部队和战舰编队都实行战时无线电静默，尼米兹也只能通过敌方情报了解战事进展情况。

　　情报官根据破译的敌方电报向尼米兹做了汇报，日军从午时开始的空袭标志着其对阿留申群岛的牵制性攻击已经打响。然而，由于弥漫的雾气，美方几乎未受到任何损失。

　　次日，日军机再次空袭阿留申群岛上的荷兰港，数架日机被美方击落，美方除营房、仓库着火之外，别无更多损失。从战略的角度来讲，这次空袭无疑是失败之举，因为日军的牵制之战似乎是画蛇添足的一笔，对战局影响甚微。

　　尼米兹等人也没有过多地理会阿留申群岛的战况，他们都在难挨的一分一秒的时光中焦急地等待着来自北面和西面海上侦察机的消息。罗彻福特也留在他密不透风的地下室里搜索和分析着日方战舰的动向；尼米兹则夜以继日地工作，24小时不离办公室，疲倦时便在办公室放置的行军床上稍微休息一下；莱顿则占据了外间办公室的一角沙发。

就在这难熬的漫长夜晚，美日两国的舰队正在微波起伏的洋面上缓缓靠近。他们是不是已经发现对方了？日军舰队主力是否已经接近中途岛？疑团像烟雾般四处弥散，尼米兹紧张不宁的心绪甚至有种窒息的感觉。

6月4日凌晨，心焦的众人终于等来了"卡塔林娜"侦察机发回的片断消息："主力……方位262度，距离700海里……11艘军舰，航向090度，航速19节。"不到半小时，另一架巡逻机报告，有6艘舰只从西南方向中途岛驶来。

尼米兹的办公室迎来了太平洋舰队通信官莫里斯·E·柯茨，他拿着有关报告敲响了房门。尼米兹匆匆看完电报，激动地从座位上站起来，忍不住晃动着手中的电报，对站在一旁的莱顿说："莱顿，快看看这份报告写的是什么？"

整个夜晚漫长的焦虑和等候终于有了结果，时局亦豁然开朗，一切都变得明朗了。事情按照尼米兹所预料的原封不动地进行着，这不仅意味着战局的发展将不再是一盘散沙，而是有规可循、有机可乘的。而且让曾经怀疑尼米兹的推测的将官乖乖地闭上了嘴，因为事态的发展是最有力的证据。

尼米兹以舰队总司令的名义向中途岛和特混舰队司令分别发送了电报。电报中指出，当前情况还在控制范围之内，最要紧的是要找到航空母舰的位置，并给以沉痛打击。他希望第二天能够让这件事情明朗化。

天色渐渐亮了，司令部等到了正在巡逻中的"卡塔林娜"侦察机发回的一份明语急电，电报中明确指出：他们发现了两艘敌人的航空母舰和一些别的舰艇，还对主要方向、航向、航速和距离做了准确的汇报。尼米兹看到电报中的消息后，不由得暗暗吃惊，这和莱顿最早的预测吻合度很高，误差相当小。

美侦察机发现的战舰正是尼米兹作战方案中的重头戏——南云指挥的航空母舰第一突击编队，也是在6个月前，神不知鬼不觉地降临珍珠港上空，像恶魔的巨手一般捣毁了尚在梦乡中的军港的编队。如今，它正气势汹汹地杀向中途岛，试图重建多年前东乡平八郎海军大将在对马海战中创造的赫赫战绩，一举将美太平洋舰队置于颠覆之境。

"到了为美国海军雪耻的时候了！"一切都在计划之中，尼米兹的心头升起了一种强烈的复仇情绪，虽然这对于谦恭的他是不常有的。他高高地举起拳头，似乎要狠狠砸向地图上的南云舰队。

早上6时整，南云舰队的108架战斗机发起了空袭中途岛的第一攻击波。参加战斗的包括俯冲轰炸机、鱼雷轰炸机，零式战斗机则担任护航工作。当第一批战机加速穿越晨空向目的地飞去时，第二攻击波的飞机也聚集在航空母舰的甲板上伺机而动。当然，南云在飞机起飞时，并不知道美军的航空母舰就在他的翼侧。

中途岛上的侦察雷达也发现了93海里之外的日军，驻守岛上海军陆战队的28架战斗机立即升空迎敌，实施空中拦截。但由于性能不佳，美军战机的处境非常不利，仅仅进行了15分钟空中激战，即败下阵来。日机却秋毫无损，全部飞抵中途岛上空。

6点25分，尼米兹收到了一份经海底电缆发出的6字简短电报："中途岛遭空袭。"但众将官并没有陷入慌乱，因为美军早有戒备，甚至可以说正在等待他们的到来。当时，岛中所有飞机已经升空，避免了遭受地面轰炸之苦。因此，日轰炸机只能对东岛机场、桑德岛机库、机场跑道及其他地面设施进行袭击轰炸。

第一次攻击结束了，日军只损失了6架战机。中途岛却损失惨重，机场、油库、海上飞机滑行坡道、营房、餐厅等处均遭毁坏，并有15架美战机被击落。

由于将官们坚持无线电静默的原则，尼米兹在得知中途岛遭袭击之后的两个小时内，并没有收到来自前线部队的任何消息，他只能通过想象来猜测战争的进展情况。这有时令尼米兹无比焦虑和沮丧。这种情况一直延续，直到8点多钟，他才接到了中途岛发来的一份令人伤感的短电："33架鱼雷轰炸机被击落，仅剩3架战斗机未遭破坏。我俯冲轰炸机去向不明。"

这份报告虽然简短，但显示的巨大损失却使尼米兹不寒而栗。表面看来，日本似乎已经赢得了初步胜利。美军在短短的两个小时内损失了33架鱼雷轰炸机，而日本海军却代价甚微。一种怅然若失之感瞬间涌上了尼米兹的心头。他很清楚，如果敌人在中途岛获胜，战争将呈现"一边倒"的势态，美军将难得有翻身之日。他甚至开始怀疑自己的战略部署是在某个环节上出了错误，还是因为自己对重建的舰队过于信任，而低估了敌方的强大。

眉头紧锁的尼米兹犹如一只笼中困兽，在房间中不安地来回走动，期待能找到一丝希望。这时，莱顿走了进来，他将一份由罗彻福特破译的日军电报交给尼米兹。这份电报的内容是："发现10艘敌人舰只，方位10度，离中途岛240海里，航向150度，航速20节以上。"

从内容来看，日方侦察机已经发现了美军舰群，但尼米兹更为关心的是，他们是否已经确认这是美太平洋舰队的航空母舰编队。莱顿对这个问题给出了明确的答案。他认为从电报显示的内容来看，日军并没有发现美航空母舰。

这时候两军相距约150海里，恰好在有效攻击半径之内，而且，日军的航空母舰离中途岛也只有150海里。

事实证明，南云中将刚开始的确没有发现美航空母舰，因为日侦察机的报告是："美舰为5艘巡洋舰和5艘驱逐舰。"而南云的参谋长草野也主张第二波攻击中途岛，认为回头再来对付这10艘军舰组成的普通舰队即可。

然而，几分钟之后，侦察机又发回一份语意模糊的电文："敌舰似乎由一艘航空母舰殿后。"

经过仔细揣摩，太平洋舰队参谋部一致认为，当南云确认美方航空母舰阵容之后，必然会采取紧急措施。但南云也将面临一个选择时机的问题。

方案一，利用后备飞机发起第一次进攻，但这样的话，同时还需要考虑另一个问题。因为当时的"加贺"号和"赤城"号的鱼雷机已经装好了炸弹，如果马上就起飞发动攻击的话，完成任务后的飞机在战斗结束前将只能在空中待命，从而容易出现远距离飞行后油料不足的危险。若是撤换弹药再发动攻击，时间上恐怕会赶不及。

方案二，也可以先回收第一波攻击后的战斗机群然后再和第二波战斗机群一起发动联合攻击，这样就有机会装满弹药和油料。但这将面临更大的时间问题，做好这些准备至少需要1个小时的时间，而美军则有可能正好在这段时间内对舰队发起致命攻击。

陷入深思的南云再三权衡，决定选择第二种方式，虽然有时间差，但在他看来，这至少是一种比较正统的作战方式。因为集中攻击更加有利于增大打击力度，减少损失。更重要的是，他没有获知美军舰队的动向，不太相信美军能够准确了解己方舰队的动向，抓住战机，趁机发起攻击。

然而，就是这短短的一小时内，美军顺利扭转了战局，形势发生了180度的大逆转，幸运女神给处于劣势的美国人助了一臂之力。

战争即将推向高潮，尼米兹成了名副其实的聋哑将军。因为弗莱彻和斯普鲁恩斯的两支特混编队都继续坚持无线电静默，尼米兹在这个关键时刻却收不到来自前线的只言片语，能做的只有等待。他虽然故作镇静，希望给身边的军官们起一个榜样作用，但后来有一位军官回忆说："尼米兹是故作镇静，但实际上相当激动，而且我从未见他那么激动过。"

当时，尼米兹曾责问柯茨少校："为什么收不到电报？为什么听不到一点情况？"当然，柯茨对这种问题是无可奈何的，他只能说不知道。而且他并不想发出催问电报，尼米兹从心底也同意这种做法。所以他仍旧只能靠破译日军侦察机发出的信号来了解自己一方航空母舰的情况。

近9点钟，太平洋舰队的情报官截获了日机飞行员用无线电向日舰队发送的报告："10架敌鱼雷机正朝你飞来。"尼米兹判定，这些飞机显然出自美航空母舰。接着，他讲述了自己的分析：南云舰队也正准备用后备飞机发动攻击，当然也有可能正在回收从中途岛返航的飞机。换一种说法即南云将不会在10点前发动进攻。

这对美军来说是千载难逢的战机。10点8分，"企业"号终于打破了令人窒息的沉默。太平洋舰队通信中心听到美航空母舰电台在频繁地呼叫："立即进攻！"这是斯普鲁恩斯的参谋长迈尔斯·布朗宁上校的声音。布朗宁的呼叫声表明美军的飞行员已经发现敌舰，并得到了作战命令。而在此之前，由弗莱彻和斯普鲁恩斯率领的混舰队，一直在中途岛耐心地静候日舰的到来。

终于，美军筹划已久的对日攻击战开始了。35架"无畏"式俯冲轰炸机、15架"复仇者"式鱼雷机和10架"野猫"式战斗机从"大黄蜂"号航空母舰上起飞了。紧接着出动的是"企业"号航空母舰上的33架"无畏"式俯冲轰炸机、14架鱼雷机、10架战斗机。不久之后，17架"无畏"式俯冲轰炸机、12架鱼雷机和6架战斗机又从"约克城"号航空母舰上起飞加入战斗。

然而，这时的美军却出现了致命的失误。庞大的机群缺乏配合，造成编队四分五裂的局面。而且由于侦察机的失误，一些美机来到预定海域却怎么也不见南云舰队的踪影，更糟的是，有的飞行编队与日舰行驶方向恰好相反。接着，一个由15架鱼雷机组成的编队，独自向北搜索，终于发现了南云编队。

不幸的是，在这千钧一发的重要时刻，这组无战斗机掩护的美机燃油耗尽，他们只能做出舍生取义、勇敢地冲向目标的英雄壮举，随即被日"零式"战机和高射炮纷纷击落。与此同时，由"企业"号起飞的14架鱼雷机和由"约克城"号上起飞的12架鱼雷机在与日舰"苍龙"号和"飞龙"号的战斗中都遭到了重创，而且一无所获。

美舰队指挥官认为胜负已分，心中多少有些凄凉。谁都没有料到，这时候事情却出现了戏剧性的转折。

"企业"号上起飞的33架"无畏"式俯冲轰炸机，在预定海域没有发现目标，经过长时间的搜索也一无所获，又正赶上燃料不足，便准备返航。这时，他们却意外地发现了一艘日军驱逐舰。美机飞行员认为，这艘驱逐舰或许能够"帮助"他们找到日航空母舰，于是便紧随日舰而行。果然，就在不久之后，他们发现了正在筹集装备准备攻击的南云舰队，那场面相当壮观。

恰在这时，从"约克城"号上起飞的17架俯冲轰炸机也发现了南云舰队。于是，他们分工合作，"企业"号的33架轰炸机以"赤城"和"加贺"号为攻击目标，"约克城"号的17架飞机，则专门负责攻击"苍龙"号航空母舰。

此时，日舰正在整理装备、添加燃料，甲板上到处是鱼雷、炸弹以及刚加好油的飞机，保护航空母舰的零式飞机也已经全部升空，正在四处追杀美军的鱼雷轰炸机。换句话说，他们正处于极易受攻的境地，这正是美军求之不得的有利时机。于是，"无畏"式俯冲轰炸机开始了无畏的攻击。

当然，如果日军在发现美军的第一时间及时起飞，甲板上的日机在5分钟后即可完全升空，与美机展开空战。但是，日军完全没有料到会与美军的轰炸机相遇，在愣神的瞬间就错过了这5分钟宝贵的时间，导致了日本海军难以挽回的悲剧。

当这边战火正旺时，尼米兹的办公室却沉浸在长时间的沉默中。他无法了解战斗的一星半点情况，不停地让莱顿通过热线电话向罗彻福特发出询问，美航空母舰部队是否已向南云舰队发起攻击，若是已发起攻击，日军反应如何？结果如何？但是，这一切都是未知数。因为，无论罗彻福特使用哪种频率进行了解，都没有得到任何消息。冷静下来的尼米兹认为，也许没有消息反而是一件好事，如果敌舰没有发报，有可能是因为它再也不能发报了。

沉浸在战火中的美军却犹如大发横财一般痛快淋漓，他们连续投弹进行轮番攻击，好像长期积压的愤怒和屈辱找到了出口。于是，日舰上烈焰升腾，爆炸声此起彼伏，因此而造成的损失也难以估计。

不久，"赤城"号即告瘫痪，颠簸摇摆的甲板上还摆着一架架未能起飞的飞机，毫无用武之地，只有燃烧着滑进大海。南云中将也被迫放弃了旗舰，移至"长良"号巡洋舰之上。"赤城"号于次日傍晚沉没。这个消息也在冥冥之中透露给了太平洋舰队司令部。因为情报站并没有歇着，他们从日舰报务员发报的指法推测到南云中将转移了，因为此报务员不似原"赤城"号的发报员，而是极像"长良"号巡洋舰的报务主任。

"加贺"号也已经奄奄一息。舰身发生了巨大的爆炸，舰长丧命在了舰桥上。两小时后，这艘精锐的航空母舰成了一具残骸。而"苍龙"号则在弃舰令下达后，早于"加贺"号倾覆沉没。这时，原本威风凛凛的南云部队只剩下"飞龙"号独撑危局了。

当时，"飞龙"号的战舰司令官是山口多闻，他是以胆识和才干著称的海军少将，曾一度被认为是山本五十六司令官的接班人。此时，他对日本航空母舰编队遭受的毁灭性打击怒不可遏。于是，他在接替南云的空中作战指挥权之后，毫不犹豫地对美航空母舰发动了狠狠的反击。

10时40分，小林攻击队的6架飞机突破美舰载战斗机的拦截，向"约克城"号航空母舰投掷炸弹。遭到袭击的"约克城"号的舰身起火，锅炉气压下降，不久就失去了航行能力。

没过多久，珍珠港情报站有又了新收获，截获了由日军空中飞行队长的电报。从电报上看出，美军有航空母舰被袭击了，而且正在遭受敌机的连续攻击。果然，这之后不久，尼米兹就收到了美军战斗的消息，是费莱彻部发来的，他主动打破了无线电静默，表示自己在中途岛以北遭到了空袭。

受伤后的"约克城"号经过紧急抢修之后，继续航行。但不幸的是，这艘伤痕累累的舰只在下午3点遭到了日鱼雷飞机的第二次攻击。舰上的动力、照明和通信系统尽遭破坏，左舷倾斜，在即将倾覆之时，舰长被迫下令弃舰。

弗莱彻发电请求总司令尼米兹派出拖船，并要求第十七特混舰队设法保护和营救"约克城"号。司令官尼米兹答应了这一请求。他发布命令，要求在第十七特混舰队全力营救航空母舰的同时，第十六特混舰队则要在斯普鲁恩斯的指挥下继续对日作战。

与此同时，日军也已经疲惫不堪，单独奋战的"飞龙"号战斗力大减，但愤怒的山口仍决定黄昏时再次出击，给美舰队以最后的致命一击。但这个如意算盘并没有打成。因为斯普鲁恩斯派遣的一支俯冲轰炸机队神不知鬼不觉地冲向"飞龙"号，接着，一连串重磅炸弹呼啸而下，4弹命中目标。而且，"大黄蜂"号上的俯冲轰炸机和从中途岛、夏威夷起飞的B－17式飞机也赶来助战。

于是，"飞龙"号在尚未对美舰造成致命一击之前，先遭毁灭，葬身汪洋。山口多闻在绝望之际将自己绑束在舰桥上，随舰沉入海底。战斗到最后的"飞龙"号的沉没，标志着显赫一时的南云舰队主力的彻底倾覆。

之后，斯普鲁恩斯向尼米兹发回捷报，这份战报在一定程度上抵消了关于"约克城"号的不幸消息。战报的内容："在上午9点至11点之间，第十六、十七特混舰队航空兵，袭击了包括4艘航空母舰、两艘战列舰、4艘重巡洋舰和6艘驱逐舰在内的敌军航空母舰部队。据信，其中4艘航空母舰均遭倾覆。"这是个好消息，尤其是最后一句，"日方飞机损失严重。"更是让人精神振奋，看到了胜利的曙光。

6月4日傍晚，尼米兹和他的参谋们围坐在一起，谨慎地回顾一天来的战况。因为美军已经击败了南云舰队。因此，尼米兹在较为轻松的心情中期待着更为详尽的，或者说是更让人欣喜的报告。

晚上10点整，斯普鲁恩斯发回另一则电报："在17点至18点之间，第十六特混舰队航空大队，袭击了包括一艘航空母舰、两艘战列舰、两艘以上重巡洋舰和一些驱逐舰在内的日本海军舰队。日军航空母舰多次被500和1000磅炸弹击中，最后猛烈燃烧；至少有一艘战列舰4次被炸起火；一艘重巡洋舰也被炸燃烧……"

这则电报让尼米兹的脸上溢出了轻松的微笑，多日来疲惫的面庞一下子显得容光焕发、喜气洋洋。这毫无疑问是一个好消息。而且，他断定，日军那4艘燃烧的航空母舰已经无可救药，美军已经稳操胜券。事实上，虽然局面对美军非常有利，但双方交火的有效时间也只有5分钟，就是在这5分钟里，日本海军的中坚力量遭到了摧毁，美军成功扭转了不利局面，太平洋的战局出现了重大转变。

随即，尼米兹让参谋长德雷梅尔将军向所有部队发出一份早已拟好的电报，并抄报金上将和埃蒙斯将军。电报的内容极为鼓舞人心："今天参加中途岛战斗的官兵，在我们的历史上写下了光辉的一页，我为你们感到骄傲。我相信，你们将全力以赴彻底打败敌人。"发报后的尼米兹心情十分愉悦，想起了在海军军官学校时听过的一句记忆犹新的话："狭路相逢，料敌难逃。"

胜利的消息固然让人欣喜，可现在还不是可以放松的时候。因为，当"赤城"号、"加贺"号和"苍龙"号起火燃烧时，山本为了挽回败局，下令集中中途岛和阿留申群岛方向的所有战斗力，与美舰队进行决战，同时令军舰高速前进，希望趁黑夜占领中途岛。

尼米兹和莱顿也早一步考虑到了这种可能性，山本的果断和足智多谋是闻名于世的，他们料定他是绝对不会善罢甘休的。当夜，太平洋舰队司令部灯火通明，尼米兹和他的参谋们都彻夜未眠，密切注视有可能出现的各种意外情况，不希望战局出现不利的转机，让已经到手的胜利果实白白丢掉。

作战室里，尼米兹说："我估计日本人仍想登陆。"

莱顿边目不转睛地盯着地图，边回答道："是的，我也认为是这样。"

"他们不怕付出巨大代价吗？"

"我想他们是不会顾及的。这是一支相当顽强的部队。一旦命令下达，他们必然拼尽全力，否则，决不收兵。"

然而，当"飞龙"号中弹沉没的消息传到山本耳中后，他并没有孤注一掷。他否认了黑岛大佐提出的保全面子、掩饰败局的方案。当时，黑岛提出的方案中宣称试图集中包括"大和"号在内的全部战列舰，在白天抢占中途岛。山本虽然愤怒、羞愧，但仍明白这样无异于自取灭亡。

虽然这样，山本也并没有接受失败，而是企图引诱斯普鲁恩斯的第十六特混舰队进入以威克岛为岸基的日机飞行半径之内，并一举予以歼灭。6月6日，太平洋舰队的情报部门截获了山本发出作战命令的电报："在本地区作战的联合舰队各部队，应在威克岛航空兵攻击范围内接触并歼灭敌机动部队……"

可是，斯普鲁恩斯的部队由于燃料不足而向东撤退，拉到了交战区之外，山本的如意算盘再次落空。

一些军官对斯普鲁恩斯的向东后撤大为不满，认为他错失了歼灭敌机的良机。尼米兹并没有多做评论，他觉得在情况没有充分掌握之前，过多评论有欠公允。他对下属们说："我相信斯普鲁恩斯在战区对情况的判断，比我们在这里判断得更为准确。我相信他做出这件事是非常理智的。随着时间的推移，事情将会真相大白。我们在这里没有资格对一个战地司令官的行动评头论足。"

这也是尼米兹赢得尊重的重要原因之一，他总是能客观地看待问题，对下属的决策充满体谅和信任。

又一个凌晨来临了。凌晨3点，情报站根据中途岛侦察机的报告，得知日军在该岛以西的所有部队都在向西移动。日军第两舰队向西北航行。从这些迹象看，敌军在全线后撤。

早晨8点刚过，日军巡洋舰再次遭袭。斯普鲁恩斯的第十六特混舰队的俯冲轰炸机和中途岛的B-17型轰炸机，袭击了日舰，日军"三限"号巡洋舰被击沉，"最上"号巡洋舰遭到重创。

"大和"号战舰上的山本五十六看到千疮百孔的舰队，明白大势已去，迫不得已向群僚表示要独自承担罪名。中途岛时间6月5日2点55分，这是一个具有纪念意义的时刻，就在这一刻，曾经不可一世的山本五十六痛苦地向庞大的日舰队发出了承认失败的电文：

"撤销中途岛作战计划。"同时，对他来说，6月6日也是一个富有戏剧性的日子，这天原是山本定的攻陷中途岛的纪念日，但此时的"大和"号却在距中途岛600多海里的返航途中。

相对于日舰队的狼狈，太平洋舰队司令部内却处处洋溢着兴奋激动的气氛，彻夜不眠的参谋官们围坐在一起吸烟休息，个个脸上都露出了骄傲的神情。他们都明白，美军在敌强我弱的情况下，取得如此辉煌的战果实属不易，其胜利的含义非同一般，甚至已超过了一次战役的局部性，而带有决定性的全局意义。

清晨，雾气在慢慢消散，中途岛的战争也告一段落。珍珠港、太平洋沿岸的舰船、车站等所有无线电波能够传送到的地方都传播着金上将发给尼米兹的祝捷电文。当然，这份电文也无可阻挡地传到了日军耳中："美国海军、海军陆战队和海岸警卫队，对在中途岛英勇善战、击退敌军进攻的美国海军、海军陆战队和陆军部队表示由衷的钦佩，相信战友们将会再接再厉，彻底歼灭来犯之敌。"

收到贺电的太平洋舰队司令部，酒香四溢、泡沫飞溅，沉浸在一片欢乐的海洋中。这是尼米兹和美军将士们自珍珠港事件以来的第一次开怀畅饮。

中途岛海战的胜利喜讯传遍了全世界。尼米兹在其中发挥了不可或缺的领导作用，他的卓越表现赢得了全世界人民的敬仰，办公桌上堆满了来自世界各地的祝捷信函和电报。

英国首相丘吉尔也对这次海战的成功给予了高度评价："美国这一值得纪念的胜利，不仅对美国，而且对整个同盟国的事业都具有重大的意义，对士气的影响是广泛而及时的。这一胜利一举扭转了日本在太平洋的优势。曾经使我们在远东的军事力量遭到挫败达6

个月的敌人所炫耀的优势，现在已经一去不复返了。"

当然，尼米兹获得了应有的荣誉，其他有功人员也得到了相应奖励。但是尼米兹提出的授予约瑟夫·罗彻福特特功勋章的请求仍然未获批准。高高在上、不近人情的金上将总是在一些枝节问题上让尼米兹觉得不可理喻，他无可奈何。

这次战斗，美国除损失"约克城"号航空母舰之外，另有一艘驱逐舰被击沉、307人阵亡、150架飞机被毁，而且，中途岛和荷兰港的设施遭到了严重的破坏，阿图岛和基斯卡岛陷落。相反，日军的损失没有尼米兹在战时估计的那么严重，虽然这样，也足以扭转太平洋战争的进程。日军损失4艘航空母舰和一艘重巡洋舰，一艘战列舰和两艘驱逐舰受创，飞机322架毁损，包括一些优秀飞行员在内的3500人阵亡。

尽管如此，中途岛海战给日本上层人物造成的创伤是无法愈合的，他们不得不承认，从那以后直到二次大战结束，这一悲怆的回忆使他们再也无法对战局作出正确的判断。

对美军来讲，这次海战的大捷具有无可估量的意义。它不仅使美军得到了一个非常宝贵的调整时期，因为直到1942年年底美新的"爱塞克斯"级大型航空母舰投入战斗之前，日海军已无力发动大规模的战役，更重要的是，这次战斗是一场决定性的战役，它与一个月以前的珊瑚海海战一起构成了太平洋战争中战略阶段的一个转折点。

6月6日，太平洋舰队举行了欢庆胜利的集会，尼米兹将军在会上发表了讲话，依然是那隐隐渗透出的特有的冷静和高瞻远瞩的眼光："战争使我们懂得了许多，我们懂得了战列舰的局限性，懂得了我们需要具有迅速爬高、灵活机动的快速轻型飞机。通信联络必须现代化，运用超频波装置以备直接通话联络。"

在讲话即将结束的时候，尼米兹伸出双臂，庄严宣称："先生们，今日我们已报了珍珠港之仇！但是，只有彻底摧毁日本海军，才能带来太平洋地区乃至世界的长久和平。我们已经取得了实质性的进展，中途岛海战使我们走完了一半的历程。为此，我们将深感宽慰。"

第八章 凯旋的英雄

我们对他们承担着一项庄严使命，即保证他们的牺牲将有助于人类创造一个更美好、更安定的世界。

——尼米兹

1. 与麦克阿瑟的会晤

这是让人感觉神清气爽的一天，在尼米兹的指挥下，中路部队以千军万马之势向着日本本土推进。这支曾经付出过惨重代价的部队脱下了昔日萎靡不振的外衣，换上了辉煌的金色光环，满怀胜利的信心和希望。另一方面，麦克阿瑟将军率领的陆战部队的进攻却没有达到预期的效果，仍然只能留在南太平洋作战，最多只能触及菲律宾南部和婆罗洲。

眼看着尼米兹麾下的部队意气风发，麦克阿瑟将军发难了，他责怪华盛顿束缚了他整个陆军的手脚，没法发挥出真正的实力。实际上，麦克阿瑟无法容忍的是各级司令部以尼米兹指挥的海军为中心进攻日本本土，而自己却只能待在南边，没法儿插手。也许正是在这种心理的驱使下，他提出了建立统一司令部的建议，并希望自己来担任总指挥官。但是，这个建议遭到了已经获得卓著战绩的海军的一致反驳。

之后不久，参谋长联席会议就这件事颁布了一项折中方案：在进攻日本时，麦克阿瑟将指挥太平洋地区的全部陆军地面部队和航空兵；尼米兹则负责指挥太平洋的全部海军。这一方案意味着将进一步分裂曾被尼米兹称之为"不能团结工作"的联合指挥部,同时也预示着任何陆军部队将来都难以听从海军将领的指挥。

尼米兹对此非常恼火,他已经没有耐心容忍下去了。而且,这一方案的颁布让他感到自己不能再次退让,否则,他最终一定会丧失自己的权力和责任,沦为麦克阿瑟的部属。于是,尼米兹以不容置疑的态度向麦克阿瑟的特使萨瑟兰亮出了自己的观点,他直言不讳地说:"我现在不能答应把对于太平洋海区防务和作战计划不可或缺的陆军部队的作战指挥权交给他。"

然而,从另一方面来说,尼米兹也认识到,早日结束战争比两人的不和以及武装部队中两个局部的冲突要重要得多。经过对局面的慎重衡量,他还是决定去马尼拉与麦克阿瑟会面,并进行协商,以取得双方的某种一致,这样能有助于战争的早日结束。

接下来的日子里,尼米兹和麦克阿瑟进行了为期两天的会晤。在会晤中,两位高级将领都尽可能以理智的态度去争取相同的目标,以谋求双方会谈的基点和最终从海、陆、空三方逼近日本的战略。这次会谈解决了一些存留的问题,奠定了进攻日本九州、本州及其他岛屿的合作基础。最后,按照双方达成的协议,在两栖进攻中,以海军将领为主、陆军将领为辅执行指挥。同时,尼米兹答应将进攻琉球群岛的任务移交给麦克阿瑟,并保证为西南太平洋部队提供海上掩护。

这次会谈让尼米兹受益匪浅,他意识到,自己的统一指挥陆、海军的愿望是非常不现实的。因此,他在未来的日子里将再也不会提及全国范围的武装部队实行统一指挥的建议了。

2. 胜利终于临近

这天，太平洋舰队总部来了一位年轻的海军中校。这位年轻的军官捎来了金上将带给尼米兹的一份绝密文件。金在这份文件中告诉尼米兹，当量为2万吨TNT的原子弹已经研制成功，并打算于1945年8月1日在太平洋战场使用。

一颗就能毁灭一座城市，全部或几乎全部杀死其居民，这是怎样的魔力啊！尼米兹对这种炸弹的威力深为惊讶。他看完文件后，在座椅中转过身来注视着窗外，随后站起来对这个青年军官说："非常感谢你。"并喃喃自语道，"我想，我是生不逢时，出世太早了。"

与此同时，筹备就绪的"奥林匹克行动"计划和"王冠行动"计划已由继任总统杜鲁门批准在8月实施。尼米兹则继续负责实施对日本本土的袭击，携带水雷的潜艇和飞机把日本对各岛屿的攻势压了回去。

5月8日，这是一个激动人心的日子。德国的宣告投降，标志着欧洲轴心国的最后失败。在欣喜的同时，尼米兹也意识到，德国的顽固抵抗使欧洲的胜利来得太迟了，已经基本上不会对太平洋战场产生直接的支援和影响了。因此，他认为，在盟军部队从欧洲调来之前，靠封锁和轰炸便有可能迫使日本投降，"奥林匹克行动"与"王冠行动"已经没有用武之地了。

6月底，尼米兹在旧金山与金上将进行了可以说是战争年代的最后一次会晤。这次会议为期仅一天，因为他们此时已经充分确信，不会实施"奥林匹克行动"与"王冠行动"了。

不久之后，太平洋舰队参谋部根据破译的日本电讯得出，日本正试图通过苏联政府，伸出求和的触角。于是，尼米兹和斯普鲁恩斯着手将工作重点从制订"奥林匹克行动"方案转到为日本可能投降做准备上。这一段时间，建立民事政府、处理战犯、战后重建工作方面的专家等事宜，成了太平洋舰队参谋部讨论的话题。

海军武器专家带来了在新墨西哥州阿拉莫戈多爆炸的第一颗原子弹的资料影片。随着战争的进行，尼米兹虽然觉得使用原子弹违背人道主义精神和道德准则，认为这不是一种合法的战争手段，但他又不得不同意日本问题专家莱顿的看法，即日本人的武士道精神是非常顽固的，难以通过常规手段摧毁。而且，作为美军统帅，尼米兹还必须考虑另一个实际的问题：他不能让更多的美国人牺牲。

7月26日，"波茨坦公告"由美、英、中政府联合发布，公告指出：日军必须无条件投降；除本国四岛外，日本应从其占领的一切领土上撤出；否则，只有"自取灭亡"。

在公告发出的同时，美军"印第安纳波利斯"号巡洋舰已将次临界铀235和两枚原子弹的组成部件运到了位于马里亚纳群岛中的提尼安小岛上，做好了战争准备。

然而，日本政府对"波茨坦公告"所列条文未作出任何反应。

8月6日清晨，一丝异样的空气飘浮在空气中，也许这本来就是一种不祥的征兆。8点15分，广岛上空在死亡之神的召唤下响起了一片哀鸣。不到15分钟，白色烟云便将全城卷入一片恐怖的火光之中。也就是那一瞬间，城中7万多无辜居民或亡或残。美空军从日本上空向提尼安岛传来清晰明确的消息："任务顺利完成！"负责"原子弹计划"的法雷尔将军迅速将此情况向尼米兹报告，同时禀报了杜鲁门总统。

在对广岛实施轰炸以后，同盟国又一次向日本发出了波茨坦会议议定的最后通牒。最后通牒重申波茨坦会议精神，要求日本放弃一切领地属权，并由盟军占领日本本土，直至建立一个和平、负责的日本政府为止。

此时，全世界都在拭目以待，期待着日本政府的真实态度。尼米兹则对日本政府冥顽不化的态度非常吃惊。因为，他认为此刻的日本人应该已经很清楚，他们绝无获胜的可能了。

然而，日本政府却依然以沉默相对。最后的战争终于爆发了。8月8日，苏联向日本宣战，同时从中国东北出兵。8月9日凌晨，又一架携带原子弹的飞机从提尼安岛起飞，目标是九州的长崎市。

这是临近战争结束的最后一声巨响。战火硝烟即将散去，和平的捍卫者和奋斗者们也赢得了他们应有的荣誉。8月10日，英国王室授予尼米兹将军"巴斯骑士大十字勋章"，授勋仪式在英国海军上将布鲁斯·弗雷泽将军的旗舰"约克公爵"号战列舰上举行。当一条紫色绶带从尼米兹肩上披挂到胸前时，尼米兹的心情沸腾了。

11日清晨，金将军发来了一份关于战争的电报，宣告日本已停止抵抗的消息。一瞬间，尼米兹沉默了，对他而言，这个消息实现了自己对崭新明天的向往。而且，这也是许许多多作出了崇高牺牲的勇士们的愿望。

莱顿站在一旁静静地注视着这位海军司令官。对一个身经百战、经受过无数艰难曲折、终于赢得最后胜利的战将来说，没有什么比这一时刻更令人激动和欢欣鼓舞的了。然而，尼米兹并未欢呼雀跃，而是平静地坐在椅中，脸上仅掠过一丝满意的微笑。

随后，尼米兹起身下令实施新的战术手段。他向空中巡逻的飞行员发出信号："查明并击落一切偷袭者——尽可能不要采取报复手段。"

3. 代表美利坚合众国受降

当众人对胜利的欢呼异常热烈时，杜鲁门总统宣布委托麦克阿瑟将军作为盟军最高司令，并由他负责安排和主持日本投降仪式、签署和平文件。

听到这个消息，尼米兹心中有点愤愤不平。他认为这是对海军将士的极大不公。在他看来，太平洋的历次战斗中身负重任、出生入死的都是海军，而到了胜利时刻，却让一位陆军将领担当主角，摘取本应该属于海军的果实。而且，这种任命将全世界的视听再次集中到了麦克阿瑟身上，似乎他成了这场战争的主要功臣。

尼米兹上报金上将，表达了自己的强烈不满。金也考虑到了这种情况的不合理之处，便向总统提出，如果由一名陆军将领主持和平协议，那么，仪式便应该在一艘海军舰只上举行。与此同时，海军部长福雷斯特尔还从国务卿处赢得一项协议：如果麦克阿瑟代表盟军在投降书上签字，尼米兹将军将代表美国签字。

哈尔西的旗舰"密苏里"号战列舰上宽阔的露天甲板将作为举

行受降仪式的地方。这真是一个好消息。为此，哈尔西向海军军官学校博物馆发出特函，希望把1853年马修·卡尔布雷因·佩里准将进入东京湾时挂在舰上的国旗，于这一历史性的时刻升起。这个要求获得了上级的许可。

日本本土的登陆依然在按计划进行。第一批美国占领军于8月28日在横须贺附近的厚木机场着陆。次日，包括"密苏里"号、"南达科他"号在内的第三舰队的部分舰只，以及英国海军弗雷泽将军的旗舰"约克公爵"号驶抵东京湾，下锚停泊。同时，尼米兹也乘水上飞机抵达东京湾，把将旗升在"南达科他"号上。

这个时候，哈尔西提出一项颇富人情味的建议。他指出，在东京地区战俘营中，有许多战俘生病并受到非人道的待遇。他建议尼米兹针对这种情况派出一支包括医疗舰在内的特混大队前往东京援救。但因麦克阿瑟将军曾有"在陆军未做好准备之前，不得接回战俘"的指示，便特来向尼米兹请教。

"按你想的去做吧！"尼米兹同意了哈尔西的建议。哈尔西于是下达了命令，午夜时分有将近800名俘虏被放了出来。

在举行仪式的前两天，尼米兹对麦克阿瑟作出了最后一次友好的姿态。他命令士兵按海军上将专用艇的规格将一艘登陆艇赶制、改装为陆军上将的专用艇，以此来表示自己的友好和善。于是，海军工兵们将艇漆成红色，椅套为红白两色，艇首漆有五颗星。乍看上去，改修过的小艇非常气派。尼米兹对这个结果也非常满意，他打算把这艘艇交给麦克阿瑟，供他自岸上航渡至"密苏里"号上主持仪式时使用。

但麦克阿瑟并不领情，当拉马尔将这个可以说代表尼米兹的心意的小艇运到东京湾时,麦克阿瑟仅仅看了一眼说:"太小了,我不乘这个小玩意儿跑20海里。我要一艘大舰,而且是新舰,我想只有驱逐舰能当此任。"

骄横的麦克阿瑟如愿获得了驱逐舰"尼古拉斯"号,但在将旗悬挂中又出现了麻烦。谁的将旗应该在"密苏里"号的主桅上升起呢?尼米兹稍一思量,将此问题交由副官拉马尔中校全权处理,他相信拉马尔能够作出恰当的决断。拉马尔权衡再三,最后决定将麦克阿瑟的红色将旗和尼米兹的蓝色将旗并排升到主桅上。这一举动可谓大胆,亦成为海军史上破天荒的事件。

1945年9月2日,一个具有历史意义的日子,也可以说是尼米兹生命中最为重要的日子。当然,这个日子对于全世界来说,都具有非凡的意义。大家都难掩激动的心情。

早晨7点刚过,包括日本在内的各国新闻记者、摄影记者已经蜂拥而至,他们乘驱逐舰来到了"密苏里"号战列舰上。随后,尼米兹一行也乘专艇赶到签字地点。霎时,舰上哨声大作,扩音器里响起了"海军上将进行曲"。

接着抵达的是麦克阿瑟与他的参谋人员。麦克阿瑟见到尼米兹非常亲切,和尼米兹相互握手,共同庆祝这一难忘的历史时刻。

在军中牧师祈祷后,乐队高奏美国国歌。麦克阿瑟和尼米兹在嘹亮的国歌声中一起走上露天甲板,哈尔西紧随其后。麦克阿瑟站在桌后发表了令人难忘的和平讲话,讲话完毕后他请日本帝国政府的代表走向前来签字。站在麦克阿瑟身后的则是美陆军的乔纳森·温赖特将军和英国陆军中校亚瑟·珀西瓦尔,这二人都曾是战俘,刚从中国东北日本战俘营乘飞机赶来。

接着，切斯特·尼米兹海军五星上将走上前来，代表美利坚合众国签字。麦克阿瑟五星上将和哈尔西上将、谢尔曼少将站在他的身后。之后，中国陆军上将徐永昌、英国海军上将布鲁斯、弗雷泽爵士以及苏联、澳大利亚、加拿大、法国、荷兰和新西兰的代表在尼米兹后面依次签字。

仪式于9点25分结束。这时云开雾散，冲出云层的太阳放射出金色的光芒，450架舰载战斗机同数百架陆军航空兵的飞机在湛蓝的天空中列队飞过，那景象壮观极了。

尼米兹返回"南达科他"号不久，立即发出一份广播演讲：

长期而残酷的战斗终于结束了。在太平洋海面上、港口和岛屿基地所有舰艇上的人员，都为之欢欣鼓舞。今天，全世界一切爱好自由的人们都沉浸在胜利的欢乐之中，并为我们协同作战所取得的成就而骄傲。在这样的时刻，我们更应该歌颂那些为保卫自由而献出生命的人们。

……我们对他们承担着一项庄严使命，即保证他们的牺牲将有助于人类创造一个更美好、更安定的世界。我们将着手致力于重建国家和恢复国力的伟大事业。我确信，我们将能运用技能、智谋和敏锐的思想来解决这些问题，就犹如我们为了赢得胜利曾经做过的那样。

4. 荣归故里

在签字仪式举行完毕的几天里，尼米兹都在为回归故里做准备。他打算先飞返珍珠港，然后去旧金山。这是他百感交集的时刻，疲劳却兴奋、忧伤却充实，心中充满了那种即将凯旋的游子之情。因为自从他离开关岛，便再没有回去过。

这是举国欢庆的时刻，历史一下子改变了方向。这也是欢迎英雄荣归故里的时刻，曾经在战场上浴血奋战的将士们即将返回故乡。更重要的是，长期遭受战争灾难和折磨的人们脸上露出了轻松而欢悦的微笑。那种令人窒息的紧张气氛已经烟消云散，街头巷尾到处是欢呼雀跃的人群。

当然，在战争风云中闪烁异彩的将星们更应该受到有组织的盛大而隆重的欢迎。德怀特·艾森豪威尔上将、乔纳森·温赖特上将、道格拉斯·麦克阿瑟都受到了最高规格的礼遇。海军部长福雷斯特尔则准备在10月初为尼米兹举行一次抛彩带的夹道欢迎。

然而，尼米兹一向不喜欢追名逐利，起初他拒绝了海军部长这种煞费苦心的安排。但是，他也明白，他代表的不只是自己，他必须面对这样一种事实：他是全国海军的代表，海军和陆战队员一样也在太平洋战争中作出了突出贡献。甚至可以说，是海军真正赢得了这场太平洋战争的胜利。他有责任和义务使民众了解这一点。因此，他所接受的将是全体海军的荣誉，他没有权利拒绝这一荣誉。

战争中的海军立下了汗马功劳，而尼米兹正是这汗马功劳的核心，人们并没有忘记这一点，大家争相邀请他参加庆祝活动。那些和尼米兹有过缕缕联系的城市更是将这位上将先生当成了神明一样的人物。

最后，在福雷斯特尔的努力和民众的呼吁下，华盛顿官方将10月5日定为"尼米兹日"，届时将组织3英里长的游行庆功队伍，同时，尼米兹将在两院联合大会上发表演讲，并由哈里·杜鲁门授勋。

在赴华盛顿出席盛典的路上，尼米兹在旧金山稍事停留。这里曾是他经常造访的城市，战争期间，他和金上将在这里多次举行军事会议，凯瑟琳和玛丽也长期生活在这里。不过这次稍有不同，因为代理市长丹·加拉菲尔邀请他去市政厅以表示特殊敬意。

战争结束的最终受惠者是民众。因此，市政厅没来得及组织正式的游行，但尼米兹的行车路线在民间互相转告，早已家喻户晓。当尼米兹乘坐汽车经过时，成千上万的人自发地聚集在街道两旁欢迎凯旋的将军。在市政大厅，丹·加拉菲尔当众把旧金山市的一把钥匙送给尼米兹。尼米兹将军调侃说："为了这把钥匙，山本五十六可是付出了他的一切啊！"

人群爆发出阵阵欢呼之声。这座地处太平洋东岸、易受敌人袭击的城市，对这位坚定沉着、敏锐睿智、足可信赖的海军上将始终充满着敬意和亲切感。从某种程度上来说，是他给了他们安定和和平。

次日，尼米兹及其夫人、拉马尔中校和谢尔曼少将一行人从旧金山飞抵华盛顿。他们直接从机场乘车到国会大厦，因为尼米兹将在那里向国会议员们发表演讲。

这绝对是绝无仅有的时刻，这一刻，尼米兹在两院联席会议上发表演讲，所有议员都到齐了。而且，通道上、楼道里都挤满了人。这都是愿意把掌声和鲜花给予这位来自前线的历经战斗磨难并最终给他们带来胜利的将领的人们。

演讲中，尼米兹着重讲了四个问题，即海军在这次战斗中起了主要作用；日本提出求和要求是在投掷原子弹之前；美军必须研制新武器才能更好地保护自己；保持一支强有力的海军是当务之急。他还说："像原子弹这类新武器可以改变战争的特点，但不能改变我们必须获得制海权的现实。我们现在已经获得了制海权，我们有力量和资源把它保持住。"

演讲结束后，尼米兹在雷鸣般的掌声欢送下离开国会大厦，他乘坐的汽车沿着宾夕法尼亚大街和宪法大街驶向华盛顿纪念碑。当时，华盛顿市民从商店、学校、政府机关涌向大街向他欢呼致敬；橱窗、电线杆、广告栏上到处张贴着尼米兹的宣传画；海军战斗机和轰炸机在游行队伍上空掠过，有的机尾拖着红、白、蓝三色烟雾，其中一些飞机还组成了"尼米兹"英文字的字形。

尼米兹在华盛顿纪念碑那里发表了这天的第二次演讲。在这次演讲中，他说："也许，无须更多的预示，人们即可明白，历史将认为现阶段不仅是一场大战的结束，而且是新的原子时代的开始。"同时，他还强调指出，希望原子能将被驾驭和使用在"工业和对人类有益的事业上"，并不认同仅限于军事。

接着，尼米兹一行驶抵白宫玫瑰花园，杜鲁门总统将在这里授予他特勋勋章。尼米兹在接受勋章的时候表示，他是代表战斗在太平洋的200多万名官兵接受的。他还表明，希望借此机会向水兵、士兵、陆战队员和海岸警备队员致以敬意。他还和总统这么说："我接受这项荣誉也像你'圆满完成'一项工作而接受荣誉一样，工作是他们完成的。"

10月9日，尼米兹一行飞往纽约，在那里接受另一支欢迎大军的仪式。抵达纽约的尼米兹还没来得及休息便登上了一辆敞篷汽车开始了他的队列游行，在他后面是获得"荣誉勋章"的老兵组成的车队。在尼米兹出现的那一刻，欢呼声响彻整个市区，五颜六色的纸花在空中飘舞。"简直令人不知所措，"尼米兹后来形容说，"我以为我是在做梦。"

在纽约市政大厅广场，尼米兹向35万群众呼吁，讲出了自己的心声："要用足够的海上力量来保证我们不再失去和平。"他还说，"我们应肯定，现在，以及为了获得和平的未来，我们应保持强大，绝不能由于力量薄弱而招致威胁。我们应对那些曾经为我们战斗过的人员以及今天正在成长的年轻人负责。"

次日，尼米兹返回华盛顿。在这里，他偶遇了海军部长福雷斯特尔。就在金上将即将离任的时候，尼米兹向海军部长透露过自己希望接任的意愿，但福雷斯特尔一直对尼米兹有偏见，并不希望他接任。然而，在这次交谈中，尼米兹发现海军部长在自己任职问题上的态度有所改变。显然，连日来众人对尼米兹的热情和许多朋友、同事对此事施加了影响。

但是，福雷斯特尔还是企图打消尼米兹的念头。他在交谈中故作轻松地问尼米兹，是否受得了这项工作中的那些例行的约束。这种问法大概意在作出一种暗示：你还不明白这项工作的性质和意义！尼米兹被这种工于心计的做法激怒，他心中充满了不屑，同时坚定而明确地答道："我充分了解这项工作的特点，而且确信自己能当此任，并能以模范行动作出表率。"

福雷斯特尔终于明确表态。他说，如果尼米兹愿意，他可以向总统推荐由他来继任金的职位，但同时提出了下列条件：其一，尼米兹参谋班子的人员名单应获得他们两人的同意；其二，任期限定为两年；其三，尼米兹应该在总的原则上同意新的海军部的组织体制。

福雷斯特尔这样做的目的很明显，他要保证尼米兹的就任不会使他大权旁落，更不会超越他而直接与总统打交道。尼米兹全盘接受了他的条件。尽管就任海军部长一事有了着落，但尼米兹仍然隐隐觉得自己受到了伤害，他没想到福雷斯特尔居然提出了推荐此职的要求条件。

在这种思绪下，尼米兹回到他阔别多年的得克萨斯州，这是真正意义上的游子归乡。达拉斯市的家乡父老在两个多月以前就为他准备好了一万盏彩灯。就在他到达的那天黄昏时分，无数彩灯次第闪亮，宛如夜幕中镶嵌的璀璨明珠。温馨热情的场面使尼米兹神清气爽，烦恼也顿时消失在九霄云外。对于这位征服了太平洋的海上将领来说没有比今天更美好的日子了。因为尼米兹实现了他当年离家去安纳波利斯时立下的志愿：当上将军，衣锦荣归。

此刻的尼米兹已经不再为简单的失落而伤怀，他的心中充溢着家乡人民热情给予的温暖和荣誉感！他实现了亨利爷爷在自己的洗礼仪式上说出的梦寐已求的希望。

附录

尼米兹生平

1885年2月24日，美国得克萨斯州的弗雷德里克斯堡，一声响亮的婴儿啼哭让整个尼米兹家族都沸腾了起来，切斯特·威廉·尼米兹出生了。

1901年9月，尼米兹考入安纳波利斯的美国海军军官学校。毕业后，他赴战列舰上实习。1907年1月，实习期满的他因为表现突出而获海军少尉军衔，顺利成为"帕奈"号炮艇艇长，同年7月又成为"德凯特"号驱逐舰舰长。1909年，勤恳踏实的尼米兹更是越级晋升为海军上尉并改任潜艇军官，先后出任"潜水者"号、"甲鱼"号、"独角鲸"号等潜艇的舰长。

1917年8月，尼米兹被调任大西洋舰队潜艇部队司令罗比森的工程副官，并在罗比森的影响下开始了对指挥和人事的研究。1920年6月，尼米兹奉命前往珍珠港修建潜艇基地，并于同年晋升为海军中校，就任基地司令兼第十四潜艇分遣队司令。

1922年，尼米兹进入海军军事学院深造。这次深造对他后来的军事成就影响颇大，可以说是他毕生经历中最重要的一次。他在听课和演习之余，广泛涉猎战略战术著作、战争史、海军史和名人传记。1923年6月，尼米兹出任战列舰舰队司令罗比森的副官、助理参谋长和战术官，并在他的支持下进行环形编队试验和演习。也就是这个时候，尼米兹的军事策略家的资质逐渐崭露头角。1925年10

月，罗比森晋升为美国海军总司令，尼米兹仍任其副官、助理参谋长和战术官。

1926年秋，尼米兹调任伯克利的加利福尼亚大学海军科学与战术教授，奉命组建海军后备军官训练团，开始了一段执教生涯。1928年1月，尼米兹晋升为海军上校。

1935年，尼米兹调任海军部航海局(现为人事局)局长助理。1938年6月，尼米兹晋升为海军少将。同年7月，出任第二巡洋舰分遣舰队司令，但稍后因病改任第一战列舰分遣舰队司令。

珍珠港事件后，在罗斯福总统的指示下，尼米兹于1941年12月17日晋升为海军上将，并赴珍珠港接替金梅尔海军上将出任美国太平洋舰队总司令。这次接任可谓临危受命，尼米兹决心重建太平洋舰队军。他选拔重用英勇善战的军官（如哈尔西等），重建指挥系统以协调太平洋战区的海陆空三军力量，承接调拨给战区的人员、武器和补给物资，同时参与华盛顿的最后决策以制订横跨太平洋而战胜日本的战略计划。所有的一切他都亲自筹划，确保切实可行。

1942年1月，在尼米兹的指挥下，美国海军的两艘航空母舰，突袭了日军控制的马绍尔群岛和吉尔伯特群岛，成就了"美国海军在第二次世界大战中的第一次得分"，军士们士气大振。

1943年5月，盟军决定沿中太平洋和西南太平洋两条路线向日军进攻。但由于美军炮火准备时间太短和日军防御工事极为坚固，战果并不理想。鉴于此，尼米兹改变了作战策略，并成功扭转了局势，太平洋战场的战略主动权完全转归盟军。

1944年12月，尼米兹晋升为海军五星上将。在他的指挥和筹划下，日军受到了毁灭性的创伤，直至宣布无条件投降。

日本宣布无条件投降之后，1945年9月2日，尼米兹代表美国参加日本投降仪式。战争期间，尼米兹获得3枚优异服务勋章。为了纪念这位杰出的海军将领，美国政府将10月5日定为"尼米兹日"，并把20世纪70年代开发的一级核动力航空母舰以尼米兹命名，这也是该级核动力航母中，唯一不以前总统的名字命名的一艘。

1945年11月，尼米兹出任美国海军作战部长。1947年11月，尼米兹在任期届满卸任后，进行学术方面的著述，继续对海军建设作出贡献。

1966年2月20日，切斯特·威廉·尼米兹于美国旧金山病逝，享年81岁。

尼米兹年表

1885年2月24日，出生于得克萨斯州弗雷德里克斯堡的德国后裔家庭

1901年，考入安纳波利斯海军军官学校

1905年，在"俄亥俄"号战列舰实习，获少尉军衔

1908年，任"德凯特"号驱逐舰舰长

1909年，分配到潜艇部队任职，后赴德国学习工程技术

1913年，任"莫米"号油轮轮机长

1917年，升为海军少校，任大西洋舰队潜艇部队技术助理一职

1918年，于地中海和大西洋水域参加第一次世界大战

1920年，建造珍珠港基地，升为海军中校

1922年，进入海军军事学院深造，获上校军衔

1926年，任加利福尼亚大学伯克利分校海军军官后备训练团教官

1929年，任圣迭戈基地第二十潜艇分队司令

1931年，任"参宿七星"号驱逐舰舰长

1933年，任"奥古斯塔"号重巡洋舰舰长

1935年，任海军航海局局长助理

1938年，任圣迭戈第二巡洋舰支队司令，升为海军少将

1939年，任第七特混舰队司令，同年任海军部航海局局长

1941年，任太平洋舰队总司令

1941—1944年，指挥珊瑚海、中途岛、所罗门群岛、莱特湾等海战和登陆战

1944年，升为海军五星上将

1945年9月2日，代表美国出席日本投降签字仪式

1945年10月5日，美政府命名该日为"尼米兹日"

1945年12月15日，任海军作战部部长

1947年，退出军职

1949年，任联合国克什米尔问题督察员

1951年，出任联合国"友好大使"

1953—1961年，任加利福尼亚大学董事

1966年2月20日，病逝于旧金山